柑橘生产生活生态共赢技术

GAN JU
SHENG CHAN SHENG HUO SHENG TAI
GONG YING JI SHU

◎刘春荣 主编

中国农业科学技术出版社

图书在版编目(CIP)数据

柑橘生产生活生态共赢技术/刘春荣主编.--北京：中国农业科学技术出版社，2016.1

ISBN 978-7-5116-2461-1

Ⅰ.①柑… Ⅱ.①刘… Ⅲ.①柑橘类-农业经济-研究-中国 Ⅳ.①F326.13

中国版本图书馆CIP数据核字(2015)第317593号

责任编辑 闫庆健 段道怀
责任校对 马广洋

出 版 者 中国农业科学技术出版社
北京市中关村南大街12号 邮编：100081
电 话 (010)82106632(编辑室)(010)82109704(发行部)
(010)82109709(读者服务部)
传 真 (010)82106625
网 址 http://www.castp.cn
经 销 者 各地新华书店
印 刷 者 北京富泰印刷有限责任公司
开 本 710mm×1 000mm 1/16
印 张 14
字 数 218千字
版 次 2016年1月第1版 2016年1月第1次印刷
定 价 40.00元

序

收到书稿，正值柑橘果实采摘季节。翻开书稿，心头为之一振。我很欣喜地看到衢州市柑橘科研工作者对柑橘全产业链研究开展了大量工作，不仅对柑橘生产，也对柑橘生活和柑橘生态进行了探索和有效实践，积累了宝贵经验，在柑橘生产领域尤其是关于柑橘生活和柑橘生态方面的研发取得的成效值得肯定。

衢州市是浙江省柑橘生产大市，也是柑橘老产区。衢州市柑橘产业发展见证了我国近代柑橘发展的历史进程，特别是改革开放以来衢州柑橘产业飞速发展，土山坡变成了花果山，柑橘业成为当地的农业支柱产业，柑橘树也成了当地老百姓的“摇钱树”“致富树”“养老树”。近些年来，衢州柑橘产业发展面临着生产成本大幅上升、生产主体老龄化严重、小规模分散经营果实质量难提高、区域公共品牌打造见效慢等问题，衢州市柑橘科研工作者以产业问题为导向，围绕柑橘产业转型提升进行科技创新，选育引进了一批适栽柑橘优质新品种，研发了一批先进实用新技术、新模式。

浙江大学果树研究所与衢州柑橘界进行了良好的科技合作，联合开展了柑橘优新品种的选育引进、柑橘贮藏保鲜与物流、柑橘果实功能性成分与人类健康等方面的协同研发，进展顺利且成果颇丰。

我本人对衢州柑橘产区有着深厚的情感，一直关注着衢州柑橘产业的发展，也在积极为衢州柑橘的持续高效发展尽自己一点微薄的力量。2014年在衢州市人才办、人劳局的牵线下建立了市级专家工作站，使我与衢州柑橘产业建立了更深的联系。

本书编写组成员均为长期从事柑橘科研和技术推广的专家，既有较深的理论功底，又有丰富的实践经验。本书内容丰富翔实，包括柑橘适栽品种、先进实用新技术、椪柑和胡柚加工技术、柑橘公共品牌、柑橘文化、柑橘功能与保健、柑橘盆栽与绿化、柑橘生态等。本书地方特色浓郁，同时具有较强的科学性与实用性，简明扼要、通俗易懂、给人启迪。本书付梓不仅对衢州柑橘产业的转型和提升有推动作用，也值得各柑橘产区借鉴。

浙江大学校长助理
科学技术研究院院长　　　　教授
果树学博士生导师

2015年11月21日

前 言

衢州市土地总面积8 836.52平方千米。现辖柯城、衢江、龙游、常山、开化、江山二区三县一市。据2014年的统计资料，全市总人口252.8万人，其中，农业人口199.4万人，占总人口的79%；耕地10.39万公顷，人均耕地0.05公顷；全市农业总产值138.74亿元。

衢州市地处浙江西部，浙、闽、赣、皖四省交界处，是《全国生态环境保护纲要》所确定的九大生态良好地区之一。境内以丘陵山地为主，森林覆盖率高达71.5%，空气清新，水质优良，具有生产优质安全柑橘果实的生态基础。

衢州市位于钱塘江上游，金衢盆地西端，东经118°01'～119°20'，北纬28°14'～29°30'，境内平原占15%，丘陵占36%，山地占49%。属亚热带季风气候，又呈盆地气候特征。全年气候具有“春早、秋短、夏秋长”的特点。年平均气温16.3～17.3℃，年极端最低气温 -10.4℃，≥10℃的年积温5 152～5 508℃；年日照时数1 781.7～2 118.6小时，年均辐射量每平方米4 566.2焦耳；年降水量1 542～1 763毫米，其中，4—6月降水量占总降水量的46.1%左右；无霜期251～261天。土地以红黄壤为主，土层大多深厚。但未经改良的红黄壤有机质含量在1.0%以下，酸性较重，pH值4.5～5.5，结构不良，土粒分散，板结、透气性差，有效含水量低，表土易被侵蚀。其总体特征可概括为“黏、酸、瘦、板结”。

从史料看，郦道元、陆游、杨万里、徐霞客、何乔远、黄宗羲等多位名家，在诗文中对衢州种橘及品质有过记载。最早见诸文字记载的为北魏郦道元（公元572年卒）所撰《水经注》，其“縠水”条云：“…水上承信安县……迳定陽县。夹岸缘溪，悉生……芳枳……金橙。”已历1 400

余年。宋代时衢州柑橘生产已具一定规模，果实已进入杭州（临安）销售。明清时代衢州柑橘产业繁荣，品质受国人追捧。明代的何乔远在《闽书》中称，“近时天下之柑，以浙之衢州、闽之漳州为最”。然柑橘畏寒，常因冬季严寒冰雪引起树体冻害，轻者减产，重者毁园。面积产量时有起落。民国九年（1920年）《衢县志》记录，“从前量产每年有数十万担之多。自明入贡，晚清始罢免。民国五年大冻，损失殆尽，至今种植者尚未成林，出产逐也大减。”之后由于战乱、民不聊生等原因，柑橘生产雪上加霜，加之病虫泛滥，生产逐渐衰微，至1949年柑橘面积只剩567公顷，年产量5 348吨。

新中国成立后的前30年，虽然橘园面积发展到3 127公顷，产量却徘徊在1949年的水平。改革开放后衢州柑橘迎来了大发展，1991年柑橘总产量达32.61万吨，跃居全省产橘（地）市级首位，2008年全市柑橘面积进一步扩大到4.42万公顷，产量达到创纪录的96万吨。随后衢州柑橘产业进入了以减量提质为主要目标的转型升级时期。2014年全市柑橘栽培面积3.54万公顷，约占浙江省柑橘总面积的30%；柑橘产量71.9万吨，占全省柑橘总产量的35%。主要栽培品种为椪柑、胡柚、温州蜜柑，椪柑栽培面积2.18万公顷，占柑橘总面积的57.3%；胡柚栽培面积1.03万公顷，占柑橘总面积的27.0%；温州蜜柑0.53万公顷，占柑橘总面积的14.0%；橙类和杂柑0.05万公顷，占柑橘总面积的1.7%。全市种植柑橘农户30多万户，橘农人数达105万人，占全市农村人口数的52%。

衢江区、常山县先后被评为中国椪柑之乡和中国胡柚之乡。2003年，衢州市柯城区被列为全国无公害柑橘示范基地县（区），2006年柯城区被列入全国优势农产品（柑橘）示范带建设县。2012年柯城区成功创建国家出口柑橘质量安全示范区。“一品红”椪柑和“天子”胡柚先后被评为浙江省十大名果。常山胡柚2003年通过原产地域注册保护产品认证，2011年常山胡柚证明商标被评为中国驰名商标。衢州椪柑2005年获国家地理标志产品认证，2013年4月创建的衢州椪柑国家地理标志产品保护示范区通过国家质量检验检疫总局的验收。

1999年开始，衢州市全域开展柑橘"三疏一改（即疏树、疏枝、疏果和改偏施化肥为增施有机肥）"技术推广活动；2006年起实施以"一提"（提高柑橘品质）、"二改"（改土、改水）、"三疏"（疏树、疏大枝、疏果）、"四统一"（统一技术标准、统一农资供应、统一组织服务、统一品牌销售）为主线的柑橘品质提升工程示范园区建设；2009年以来，实施柑橘产业转型提升工程，通过"减面积、调结构、提质量、促出口、扩加工、树品牌"，柑橘产业转型升级成效显著。全市柑橘贮藏能力近100万吨；有柑橘分级包装选果机350多台，年进行商品化处理包装加工的柑橘60多万吨。全市建设柑橘出口柑橘生产基地6 667公顷，其中通过注册登记备案的出境橘园4 533公顷，通过注册登记备案的出口包装厂26家，具有自营进出口权的柑橘龙头企业增至7家，2009年后全市年均出口柑橘6.73万吨，主要出口到印度尼西亚、马来西亚、越南、菲律宾、俄罗斯等国家和地区。衢州市的柑橘深加工具有自己的特色，柑橘加工研发起步早、加工产品种类多、门类全，主要产品有椪柑砂囊、果胶、橘片罐头、胡柚砂囊、橘汁、陈皮甙和蜜饯等，椪柑砂囊和果胶等产品在全国具有较高的知名度。2014年加工柑橘鲜果5.7万吨，实现加工产值1.7亿元。衢州柑橘树连片种植成林，因属常绿阔叶树种，也作为庭园绿化树、行道树、公园绿地美化树，其生态价值越来越受到当地党委政府和社会各界的重视。

本书由长期在生产技术一线从事柑橘生产、加工的衢州市柑橘科研工作者所编著。近几年来，深入践行"绿水青山就是金山银山"理念，以标准化、生态化、产业化思路研发柑橘生产加工实用新技术，积极探索发挥柑橘生产价值、生态价值、生活价值的模式和途径，为实现柑橘产业"三生（生产、生态、生活）"共赢作出新尝试。笔者有几十年对柑橘产业的探索与实践，进行总结提炼并编写了本书，可供柑橘生产、教学、科研、科普、管理和技术推广者阅读参考。

本书在编写和出版过程中得到衢州市水果品种选育和栽培科技重点创新团队项目和衢州市陈昆松教授专家工作站的支持。浙江大学陈昆松教授、孙崇德教授、徐昌杰教授，浙江农林大学徐凯教授，浙江省农技推广中心孙钧研究员，浙江省柑橘研究所徐建国研究员，浙江省农业科学院园艺所陈俊伟研究员，衢州市柑橘研究所张百寿研究员，衢州市柯城区蔬菜技术推广中心何润云高级农艺师，给予支持和帮助，在此一并表示衷心感谢!

由于编写时间较紧，编者水平能力有限，书中难免有不足和错漏之处，有待进一步修订完善，恳请广大读者批评指正。

浙江省衢州市农业科学研究院

刘春荣

2015年11月18日

柑橘生产篇

柑橘生活篇

柑橘生态篇

柑橘生产篇

第一章　适栽品种

第一节　衢州椪柑

衢州椪柑最初是由衢县航埠镇一位橘农，于1909年前后，在上海购食椪柑后带回其种子繁育，并经多代栽培选育而成。也有称椪柑果实为芦柑的。

一、主要特性

衢州椪柑树势健壮、较直立，枝条细密，幼树生长迅速，形成树冠快，丰产性好。果实高扁圆形或扁圆形，平均单果重128克，果皮深橙黄色或橙黄色，鲜艳美观，有光泽，皮易剥，刚采收时果实味浓稍酸，可食率75%～79%，可贮藏到元旦至春节前后，其总糖含量9.5%～10.5%，柠檬酸含量0.7%～0.9%，维生素C含量为32～44毫克/100毫升果汁，含可溶性固形物11.0%～12.5%，肉质脆嫩，汁多味浓，清香爽口，风味甚佳。适应性强，在丘陵和平地均能良好生长结果，尤其适于丘陵地栽培，其耐高温、耐干旱性都优于温州蜜柑、脐橙等其他柑橘品种。此品种耐最低气温能力为−7℃，在遇到周期性冻害，且一二年生枝条受冻严重情况下，只要加强冻后护理，绝大多数树体都能当年恢复树冠，翌年获得丰收。其果实耐贮藏，采摘后立即用防腐保鲜剂处理，一般在普通民房中可贮至翌年的3月底；在通风库贮藏，可贮至翌年4月上中旬，好果率达90%以上。

二、栽培技术要点

（一）因地制宜建园

应选择避风向阳、土层深厚、靠近水源、交通方便的地方建园。衢州属于柑橘生产区的北缘地带易发生冻害，所以，要注意选择小气候较适宜的地段，尽量避开海拔过高或冷空气易沉积的山谷和低洼地建园。种植密度一般以平地每亩*定植永久树32～42株，丘陵梯地42～56株为宜。为争取前期效益，定植时可在永久树的株行间加密种植，当树冠覆盖率达75%～80%时，及时对加密种植的部分橘树进行间伐。

（二）肥培管理

幼龄期施肥，应掌握勤施、薄施的原则，每次放新梢前5～7天施一次速效氮肥，全年施肥4～5次。但8月中旬至11月上旬应少施或不施肥料，以防止秋梢徒长引起冻害。成龄结果树的施肥量应比温州蜜柑、胡柚等品种多些。每亩产量达2.5～3吨时，年需氮、磷、钾有效成份106～113千克，氮、磷、钾的比例为10：6：8，其中，有机肥应占35%以上。全年施肥的重点为催芽肥、定果壮果肥和采果肥。

（三）土壤管理

衢州椪柑生长发育要求土壤pH值5.5～6.5，耕作层有60厘米以上，有机质含量>1.5%。可在6月下旬至7月上旬进行深翻改土。对土壤pH值低于5.5的丘陵橘园，每隔1～2年在早春结合中耕时全园撒施石灰一次，每亩施100～150千克，也可在深翻改土时与有机肥混合填入沟中。7月上旬干旱来临前，在树盘内地表用秸秆、稻草、青草等覆盖，并在覆盖物上再铺上一层薄土。

（四）整形修剪

定植后1～3年的幼龄树，以培养良好树形，加速树冠形成为目标，在定植成活后，先在主干高约40厘米处剪顶，并按不同方位留3～4个梢培养成主枝，然后在主枝侧面按一定距离选留副主枝，对生长较直立的主枝通过适当拉枝，促使树冠开张，有利于早结果获丰产。第三年继续培养主枝和副主枝的延长枝，合理布局侧枝。每年培养3～4次梢，对已经形成树冠的树可以少量试结果。4～6年生的初果树应适量结果，继续培养树冠，其修剪以轻剪为主。每年培养2～3次梢，6月上旬至7月下旬抹除夏梢，对生长过密的春、秋梢按“去强去弱留中庸”的原则进行删密留疏，使树冠开张，枝梢健

---

* 1亩≈667平方米（m^2），15亩=1公顷（hm^2）。全书同

壮。7年以上的盛果树修剪时要因树制宜，分冬季修剪和夏季修剪。冬季修剪在早春气温回暖时开始至萌芽前，主要剪除枯枝、病虫枝，并按“剪上留下、剪外留内”的方法，删除顶端遮阳严重的直立枝、衰老枝和密生枝；夏季修剪主要是控制夏梢，及时抹除萌芽，统一放秋梢。衢州椪柑喜光照，对于因封行密闭，特别是在定植时实行加倍密植园，因光照不足引起树冠的内膛出现大量枯枝的树，其在冬季修剪时，先要间伐过密的树，同时，对留下的树，要疏除1～2个顶端遮阳严重的直立大枝，以降低树冠高度，改善树冠内部光照条件；同时疏除中上部过密的侧枝，将树高控制在3～3.5米、绿叶层厚度2.5～3米、树冠覆盖率80%左右，以保持树冠开张，通风透光，主体结果。

（五）疏果

对挂果过多的树应进行疏果，疏果分2次进行。第一次在7月中旬定果时，第二次在8月下旬补疏。每亩栽55株时每株最好成果350～450个；而每亩栽42株的则每株最后留果450～550个。衢州椪柑果实在7月中旬横径 <2.5厘米，在8月下旬时其横径 <3.8厘米的果实，至采收时果实横径一般 <6厘米。因此在疏果时先疏去病虫果、畸形果和风癣果，然后疏去小果。

（六）病虫防治

2月下旬至3月上旬，应重视防治蚧类、粉虱、地衣和苔藓等越冬病虫草害。4～5月，以防治疮痂病为主，兼治炭疽病及蚜虫类。5月下旬至6月中旬，以防治第一代蚧类、粉虱为主，兼治红蜘蛛等螨类。7～8月，以防治锈螨为重点，兼治红蜘蛛、潜叶蛾、蚧类、粉虱类。9～10月，以防红蜘蛛为主，兼治蚧类、粉虱。采果后至12月上旬，以防治红蜘蛛为主，达到保叶过冬和健壮树势的目的。

（七）冻害预防

要在橘园的迎风面营造防风林带，或在冬季寒潮来临前设置临时防风障。已结果树要在控夏梢的基础上，于8月上中旬放好中秋梢，幼龄树应在8月下旬放好最后一次梢。采果后至寒潮来临前，每隔10～15天，用0.3%尿素+0.2%磷酸二氢钾等进行根外追肥，促进枝梢成熟和营养积累；用生石灰0.5千克、硫黄粉0.1千克、食盐一匙、水3～3.5千克配置成涂白剂，涂刷主干大枝；寒潮来临前挑适当客土堆于根颈部，高度在25厘米以上，保护根颈，翌年气温回暖时及时将此培土扒开。

第二节　常山胡柚

常山胡柚又名胡柚、金柚，是原产浙江省衢州市常山县的地方柑橘品种，为甜橙、柚、宽皮柑橘等多重自然杂交所产生的杂柑类品种。在福建、江西、四川、湖南、湖北等省也有栽培。

一、主要特性

树势强，树冠圆头形，枝梢稍直立。果实梨形或扁球形，橙黄色，单果重279克，果顶有明显或不明显的印圈，有粗皮和细皮之分，果皮易剥离。可溶性固形物 11.0%，酸1.0% ~ 1.3%。种子10 ~ 40粒 / 果，少核种每果只有3 ~ 4粒，间有无核的。果肉甜酸适度，略带苦味，风味浓爽可口，品质较优。成熟期11月中下旬。该品种丰产性好，较抗寒，果实耐贮藏。常以枳作砧木。

二、栽培技术要点

（一）建园

胡柚对土壤要求不严，低山丘陵地区的红黄壤、紫色土、溪江沿岸的冲积淤地以及经过围垦改良的海涂地都可种植。但以土质疏松、排水良好、富含有机质，具有一定保水能力，土壤酸碱度以微酸性 pH 值5.5 ~ 6.5为佳，土层厚度1米以上的土壤为好。栽植密度每亩40株左右（株行距4米 ×4米）。

（二）施肥

在中等肥力的土壤上，正常情况下，一至三年生树，全年株施肥量为纯氮100 ~ 200克，栏肥10 ~ 15千克，全年施肥次数不少于4次。四五年生树全年株施肥量（有效成分）为氮200 ~ 300克，磷120 ~ 180克，钾100 ~ 150克。五年生以上的树，根据结果量的增加而增加施肥量。

（三）整形修剪

适宜的整形方式为自然开心形，其结构为主干高25 ~ 30厘米；主枝3 ~ 4

个，间距约10厘米，主枝分枝角度为35°～45°，每个主枝配置2～4个副主枝，副主枝相互错落，间距约30厘米。在主枝和副主枝上配置侧枝和结果枝组。胡柚幼树的修剪以使其迅速形成丰产树冠为目的，故修剪宜轻，着重生长期修剪。在每次新梢长20～25厘米时摘心，做到每年培养3～4次梢，并及时除去扰乱树形、位置不当的新梢，抹除从主干、主枝上抽生的直立、向内生长的强枝和砧木上的萌蘖，剪去生长不结实的晚秋梢和疏除过密细弱枝、病虫枝，摘除花蕾。胡柚幼树和初结果树容易抽生徒长枝，翌年虽不能开花结果，一般也不会继续抽生强枝，而是抽生数量众多的春梢营养枝，至第三年有可能开花结果。但若修剪不当，短截过多，会促发更多强枝，推迟幼树结果。因此，对幼树的徒长枝在位置适当者可作骨干枝培养；位置不当的徒长枝应及早疏去，切忌进行短截修剪。

（四）病虫防治

胡柚树的主要病害有溃疡病、黄斑病和黑点病，主要害虫有螨类、蚧类、潜叶甲和潜叶蛾等。

第三节　天　草

日本农林水产省于1982年用“清见”与“兴津早生14号”的杂交后代为中间母本再与“佩奇”橘杂交育成。1998年引进衢州试种，以枳砧小苗种植，同时以温州蜜柑、胡柚、脐橙等中间砧进行高接。天草品种的综合性状优良，果实品质优，上市期长，适应衢州低丘山地露地种植。

一、主要特性

此品种树势中等，幼树稍直立，进入结果后树姿较开张。枝梢中等或偏密。春梢叶片大小为9.5厘米×5.0厘米，为椭圆形。自花不育，能单性结果。果实扁球形，橙红色，表面光滑，有克里迈丁红橘和甜橙的香气，单果重213克，果皮稍难剥离。可溶性固形物11.0%～13.0%，柠檬酸含量0.7%～1.1%，品质优，风味好，无核。成熟期在11月下旬至12月下旬。以枳作砧，中间砧可用温州蜜柑、椪柑。该品种早结丰产性、抗病性较强，耐贮藏，但树势易衰，不耐高温、干旱。

二、栽培技术要点

天草栽培宜维持中等偏强的树势，才能确保优质稳产。生产管理上要把握“选好地、种壮苗、施大肥、重修剪、狠疏果”等五个关键环节。

（一）选好地

选择避风向阳的南坡、东南坡或水库、湖泊等两岸小气候条件好的地方种植，避免低洼地、风口建园。土壤要求土层深、疏松肥沃、排水良好、灌溉方便，pH 值6.0～6.5，有机质含量在2％以上。天草单性结实强，单一品种成片种植时无核或少核，与椪柑、雪柑等品种混栽时每果种子数在10粒以上，与其他有花粉品种混栽时其种子数为5～10粒。应避免与其他柑橘品种混栽，并选择良好小气候的园地成片规模发展。

（二）种壮苗

天草苗长势弱，容易大量成花，营养被大量花消耗而加剧树势衰弱，形成“小老树”，所以天草生产上更需培育大苗、壮苗种植。宜通过营养袋育苗生产“一干三枝九分叉”的壮苗。有条件的地方提倡采用无病毒苗木。根系差、长势弱的苗木要先假植在菜园土或其他肥沃地上，通过勤施薄肥等集中管理，使根系多发、长势转旺后再定植。

（三）施大肥

天草对肥水条件要求高，在瘠薄易干旱的园地其树势弱、生长结果不良。因此天草的肥水管理总体要求是“大肥大水、基肥施足、追肥适时”。定植后的前三年属树冠生长扩大期，年施肥4～6次，以氮肥为主，肥料种类为尿素、复合肥、腐熟的栏肥或人粪尿。每株年施尿素0.25～0.3 千克，复合肥0.5～0.6千克，腐熟的栏肥或人粪尿5～10千克。投产树年施肥2～4次，以有机肥为主，重施春肥和壮果肥，有机肥以腐熟的饼肥和蚕粪最好。春肥于2月底至3月上旬施用，每株施有机肥5～7.5千克＋尿素0.5～1千克＋钙镁磷肥1.5～2千克。壮果肥于7月下旬至8月上旬施用，株施复合肥1～1.5千克＋尿素0.3千克（树势强的可不加）。5月下旬施复合肥0.5千克＋尿素0.3～0.5千克以壮梢保果，11月底果实采收后立即施“还阳肥”，叶面追施0.3％的尿素+0.25%的磷酸二氢钾溶液+硼、钼或锌等微量元素肥料(无缺素症状者可不加),这两次肥都要因树施用,树势强旺者不施。

(四)重修剪

长度9~15厘米的生长充实的枝梢其坐果率高,果实品质好,第二年也有较好的树势和坐果率,所以要围绕培养生长健壮的营养枝和结果枝来整形修剪。幼龄树着重扩大树冠、培养良好树形,第一年在地上部40~50厘米处定干,按照3个主枝、每主枝2~3个副主枝的原则整形。由于天草的枝梢丛生性强,修剪以疏删为主,短截为辅,保证留下的枝梢能生长健壮。对部分强旺枝、徒长枝只要位置适当应尽量保留。结果树的修剪时间定在春季萌芽前,按照"总量要重、弱树偏重、强旺树轻剪"的原则进行。先剪除交叉枝、衰弱枝、病虫枝,大部分上一年结果枝组需进行回缩剪枝,位置好的强旺长枝可短截1/3~1/2后培养枝组。修剪量:弱树要占整个枝叶量的40%~50%,中庸树占20%~30%,强旺树占10%左右。

(五)狠疏果

天草品种坐果率高,容易结果过多,造成果形小商品价值低,且导致树势衰弱,因此要"早疏果、狠疏果"。疏果指标有两种衡量方法,一种是按目标产量计算留果数,每亩产量在2 000~2 500千克为宜;另一种是叶果比,树势弱者(70~90):1,树势强者(60~70):1为宜。全年共疏果两次,第一次疏果从5月25日开始至7月上旬都可进行,但疏果越早效果越好,其表现为留下的果实大、树势强,在5月25日至6月5日完成第二次疏果,留果数按目标产量计算出的数量再加10%。疏去病虫果、畸形果、朝天果和过小果。第二次后可补疏在7月底8月初进行,疏去日灼果、粗皮果、病虫果及风癣果(风吹造成的伤痕果)。

第四节　鸡尾葡萄柚

鸡尾葡萄柚(又名Mandelo),是1950年由美国加州大学河滨分校用'Siamcse'甜柚与'Frua'橘的杂交种(C.reticulata 'Frua'×C.maxima 'Siamese Acidless')交杂育成,属低酸型葡萄柚品种,适合中国消费者口味。2011年引进衢州市试种，因树势强、产量高、风味好而受到橘农重视。

一、主要特性

鸡尾葡萄柚生长势强，幼树枝梢直立，结果后较开张。树冠圆头形。属早熟低酸的葡萄柚类型。丰产性好。果实扁球形，单果重462克，果皮橙黄，果面光滑，油胞细而平，果肉橙黄，质地柔软，多汁爽口，甜酸适中，有香气，略带苦味，风味独特，品质上等。果实11月下旬成熟，可溶性固形物12.3%，含酸量0.78%，可食率79.4%，出汁率44.5%，平均每果有5~6粒种子。鲜果在室温下可贮藏2个月。较抗疮痂病、树脂病、脚腐病，对高温、干旱等逆境也有较强抗性，在瘠薄的土地上也能生长结果，对低温冻害的抗性略低于本地的柚。此品种适应在低丘山地的红黄壤上规模发展。

二、栽培技术要点

（一）立地条件选择

种植鸡尾葡萄柚应避开风口、低洼地和海拔500米以上的山地，选择避风向阳的坡地，防止冬季冻害和雪灾。

（二）种植

以枳作砧木，高接换种时的中间砧可选胡柚、雪柑、温州蜜柑。种植前先用腐熟农家肥、土杂肥、菌渣、砻糠、堆肥等改土，每亩用量10~12吨。定植时株行距4米 ×4米；也可进行计划密植，先按2米 ×4米种植，待封行后再隔株间伐。

（三）肥水管理

幼年树间作套种大豆、紫云英、黑麦草、花生等绿肥作物，在绿熟前翻压入土壤以增加有机质，改良土壤结构，提升地力。幼年树在每次抽梢前施复合肥 + 商品有机肥。成年结果树年施2~3次肥，主要为春季施促梢肥、夏季保果肥、秋季壮果肥，其中，春季促梢肥为基肥，在萌芽前施入，占年施肥量的40% ~50%，以腐熟农家肥、土杂肥、商品有机肥为主；夏季保果肥在6月施，施复合肥 + 商品有机肥，占年施肥量的20% ；秋季壮果肥在7月下旬施入，施复合肥 + 商品有机肥，占年施肥量的30% ~40%。

（四）整形修剪

树冠为自然圆头形。幼树定主干高50～60厘米，留3～4个主枝，每个主枝上留2～3个副主枝。新梢长20～25厘米时摘心。成年结果树以疏删为主，夏剪时注意剪去徒长枝、落花落果枝、过密枝；冬剪时重点疏除病虫枝、内膛枯枝和已结果枝。鸡尾葡萄柚以春梢为主要结果母枝，由于成枝力强，内膛往往枝梢过密，影响果实生长发育，所以要注意去除内膛过密枝，使树体通风透光，形成立体结果的格局。

（五）病虫害防治

病虫害主要有溃疡病、红蜘蛛、蚜虫、潜叶蛾、粉虱、介壳虫、锈壁虱等。溃疡病的防治要加强检疫，一发现即清除病叶、病枝、病果，再在放梢期间喷施铜制剂或农用链霉素进行预防。红蜘蛛、蚜虫、潜叶蛾、粉虱、介壳虫等病虫防治主要是通过预测预报，实施以农业防治为主，物理防治、生物防治、化学防治为辅的病虫绿色防控技术。化学防治要进行点治和挑治相结合，能不喷农药就不喷农药。红蜘蛛的化学防治可选用矿物油、阿维菌素，结合防螨等，其重点防治时期是开花前、放夏梢期间、放秋梢前和10～11月。防治潜叶蛾用灭扫利、吡虫啉，重点防治时期是萌芽时、叶片自剪前。防治锈壁虱，应保护和利用汤普森多毛菌、食螨瓢虫、捕食螨、食螨蓟马和草蛉等天敌。从6月中旬开始每隔7天定期检查一次，当橘园中出现少量果实灰黑状物附着在果面时，应立即进行化学防治，选用三唑锡、克螨特、速螨酮等药剂。防治介壳虫抓第一代，6月上中旬用速扑杀和机油乳剂等防治，严重发生的园块应隔15～20天再交替喷药1次。

第五节　不知火

不知火品种是日本农林水产省用“清见”和“中野3号”椪柑杂交育成。衢州市1997年引进试种，具有坐果率高、晚熟、耐贮藏、糖度高、外观独特、风味品质极优的特点。其果实果蒂处突起，典型果形像手雷，在市场上被称为“丑柑”、“丑八怪”，但风味品质极优而深受消费者喜爱。其个性化的外观和优异的风味成为销售的亮点。

一、主要特性

树势中等，幼树树姿较直立，进入结果后开张，枝梢密生细而短，其刺随树体长大而消失。春梢叶片大小为7.3厘米 ×3.2厘米，卵圆形与椪柑相似；其花比清见和椪柑大，多数是畸形花，花粉量少。果实倒卵形，多数有短颈，无短颈的扁果顶部有脐，橙黄色，单果重245克，果皮易剥离。可溶性固形物 13.0％～14.0％，含酸量1.0％，无核。果肉脆、多汁化渣，有椪柑香气，品质佳。12月上旬完成着色，成熟期翌年2～3月。该品种适应性强，栽培区广，最适在冬季无霜冻的中亚、南亚热带气候区栽培。以枳或红橘作砧木。在衢州地区露地栽培在11月底至12月中旬采收，采收时糖高、酸也高，风味浓、有香气、略偏酸，宜贮藏至翌年3～5月出售。在大棚设施中栽培成熟期在翌年3～4月。

二、栽培技术要点

（一）适地适栽

选择冬季无霜期长的冬暖地区或有水库、湖泊等两岸小气候条件好的地方发展。由于不知火品种坐果率高，果实挂树时间长，树势易衰弱，应选择土层深厚、疏松肥沃、保水性好的土壤，有灌溉水源，以西南、东南朝向的山坡地适宜，避免土层浅、易受风害或冬季冷空气容易沉积停滞的场地。土层浅、肥力低的土壤经撩壕改土，应每亩壕沟内填埋栏肥、绿肥、杂草、树枝等粗有机质30～50吨，撒施石灰150～200千克。注意不知火品种在碱性土壤中生长不良，树叶易黄化。

（二）选择适宜砧木和栽培方式

育苗时避免用枳作砧木，而以红橘、酸橙、胡柚等强势砧为砧木，以增强树势。在浙江衢州等冬季有严寒的地区应进行大棚设施栽培。冬季有轻微霜冻的地区，可采用薄膜覆盖树冠或果实套袋来保护果实安全越冬。薄膜覆盖树冠应选用0.3～0.4毫米厚的聚乙烯薄膜，用竹木加铁丝搭建简易拱棚，可单行或数行树搭建一个棚，也可单株树覆盖薄膜，覆膜时间从立冬后至果实采收。遇阴天或气温低时可密闭薄膜，晴天气温高时适当通风降温降湿。

不知火品种的果实套纸袋，既可保护果实免受霜冻，达到防寒目的，又可防止病虫害，使果面光洁，改善商品外观，提高果品等级和价格，但果实套袋时劳力投入大，较费时费事，且果实风味不及树冠覆膜者。

（三）整形修剪

不知火品种对光照要求高，采用自然开心形进行整形修剪。幼年树从同一节发出的芽较多，宜勤抹芽以预留4～5个枝，开始结果时确定主枝。如果幼年树不抹芽则树冠扩大缓慢。没有结果或结果初期的树，其主枝的上侧面发出的强夏梢可作为主枝、副主枝进行培养，若会扰乱树形的则早疏除。未结果的幼树枝梢容易生长，开始结果后其枝梢下垂树形易乱。若主枝下垂的话则可立支柱加以诱导挺直。一般采收后修剪，将长枝短剪，下垂的侧枝进行疏删；果梗枝虽然根据结果量不同而有差异，但翌年发生新梢多，再后一年造成结果位置外移和枝梢下垂。因此，在枝顶端生长的果梗枝必须去除；而在基部留作预备枝时，宜进行疏删后再留。预备枝如果较粗有必要强回缩修剪，修剪时若在轮状芽上端剪则发芽数太多，所以，一定在轮状芽下部剪。初投产树其着果量少时，预备枝上的夏秋梢也会挂果。若内膛拥挤、枯枝多发、无效容积扩大时，则其着花量减少，常引起产量和品质下降。特别是高接树，树冠内部的枝梢徒长会扰乱了树形，应早疏删，使光照导入树冠内部。不知火品种通常细根少、树势易衰弱，叶数减少则会引起树势衰弱，所以应避免过度修剪。

（四）疏果

不知火品种要防止挂果过多，因为着果多后，新梢变细、短，叶变小，树势变弱，着果性变差，易形成隔年结果，所以，调节结果量非常重要。疏果以强树势、保持稳定的产量和品质为度。结果第二、第三年为防树势衰弱，宜以基部结果为主，主枝顶端部分不留果，应及早疏果。结果盛期树产量控制在2.0～2.5吨/亩，最后一次疏果时留果7 700～9 600个/亩。为使果实早期膨大良好，第一次疏果在生理落果结束后要尽可能早地进行。第二次疏果也尽可能早进行，以促进果实膨大和减酸。在7月中旬落果停止后开始第一次疏果，主要以疏畸形果、细果梗枝和迟开的花结的果。第二次疏果在开花后70～80天进行。第三次疏果（补充疏果）在开花后100～110天进行。第二次和第三次疏果主要疏去过小的果、机械伤果、病虫果、风癣果等。结果盛期树的叶果比以80：1为宜。

（五）合理施肥

为了增强不知火品种的树势，促进果实膨大和减酸，施肥要充足，在春季施重肥，氮磷钾施肥比例为10：6：8，有机肥占总施肥量的50%（其中，堆肥、厩肥、栏肥等堆置发酵好的粗有机肥占50%以上）。在施肥总量上比温州蜜柑多20%~25%。年施4次肥，即2月下旬的萌芽肥（占年施肥量的25%）、5月保果肥（占15%）、7月中旬的壮果肥（占20%）和10月的增糖肥（占40%）4次；氮素侧重在新梢生长期和果实快速膨大期施入，磷素则在芽前肥和壮果肥施，钾素宜在增糖肥和壮果肥施入，促进果实迅速膨大和碳水化合物在果实中的积累。若有缺素症状或10月后有缺肥现象，宜根外追肥以补充树体营养。

（六）病虫防治

不知火品种杂柑主要病害为炭疽病、疫菌褐腐病。炭疽病主要发生在苗圃或高接换种及一些新植果园，每当新梢抽发时，如不注意病害防治就容易发生，导致新梢不能正常抽发，影响成苗或树冠恢复。防治措施是在萌芽前喷射广谱性杀菌剂加以保护，以保证其正常生长。在某些年份，炭疽病也会在果柄上发生，引起果柄出现褐色或干枯，然后果实脱落。

疫菌褐腐病主要发生在夏秋季高温、多雨时，及冬季果实快要成熟时，尤其是连绵阴雨、日照少、湿度大或是受霜冻危害后更易发病，发病初期果面出现浅褐色圆斑，后不断扩大蔓延至全果，果实呈水渍状，变软，有臭味，引起大量落果，造成严重损失。在贮藏期出现的疫菌褐腐病严重腐烂，主要是因为褐腐病菌于生长期已潜伏在果实上，在贮藏期大量发生。防治措施为从10月开始清除橘园内的杂草、间作物及枯枝落叶，并降低果园湿度以控制此病害的发生，化学防治是在7~8月生长旺季连续喷施广谱性杀菌剂2~3次，再在10~11月喷施1~2次。

（七）分批采摘

不知火品种果实糖度都较高，而不同类型的果实酸含量差别很大，而保持酸度适宜是不知火杂柑高品质的最重要指标。因为果实在树上减酸较快的原因，降酸良好的果实先采，而酸度高的果实以后采，即分期采摘。通常果梗枝细的小果、迟花结的果、着色差及油胞粗的果、内膛果、树冠下部果、背面果其含酸量高，可作为判断含酸高低的参考标准。

（八）贮藏保鲜

果实采摘后先进行预贮藏，即将果实置于筐中（装七八成满）放在通风良好温暖的场所贮藏2周，使果实失重3%～5%。果实采摘后进行高温预处理可降低果实的酸度，使果实风味口感更佳。对于大棚温室栽培在采收后1个月内上市的果实，在常温库贮藏就行，防止贮藏场所过干燥。在翌年2月前采收而在4月以后上市的果实预处理后，可放在5～10℃的冷库中贮藏，在上市前半个月移至常温库贮藏。湿度会抑制由于干燥引起的酸浓缩和油斑病的发生，所以，要保持相对湿度80%以上的高湿度，但要注意避免因急剧温度变化引起的结露。在湿度难以精确控制的情况下，可以采用透气性良好的薄膜做单果套袋贮藏，可防止蒂枯病和油斑病的发生，并促进降酸。贮藏库内要避免温度和湿度急剧变化，否则会增加油斑病和腐烂果的发生。

第六节　春　见

春见是日本果树试验场兴津分场用“清见”与椪柑杂交育成的品种。2006年引进衢州市试种，发现该品种适应性广，生长健壮，丰产性好，抗逆性强，风味品质优，适合在衢州进行大棚设施栽培。

一、主要特性

树势中等偏强，树冠自然开心形。幼年树树姿直立，结果后开张。枝梢密生，花单生，有叶花比例高，坐果率高达9.5%～17.2%。果实单果重220克，果皮光滑，果肉橙色，汁胞柔软多汁，甜酸适中，脆嫩化渣，味浓而香，剥皮易。2月中旬果实可溶性固形物13.4%，含酸量1.1%，每果2～6粒种子。在衢州10月下旬开始着色，12月下旬完全着色，但此时含酸量偏高。翌年2～3月果实完全成熟。抗性强，适应性广，较抗疮痂病、溃疡病、树脂病，对高温、干旱等逆境有较强抗性，适应在低丘山地的红黄壤和平原冲积土栽培。以枳作砧木砧穗亲和，以椪柑、温州蜜柑作中间砧高接换种砧穗亲和。

二、栽培技术要点

（一）园地和栽培方式选择

春见品种若遇干旱灌水不足，果实没有充分膨大，则采收时酸度过高而影响食用品质，所以，一定要选择有灌溉水源的的地方种植，建设灌溉设施。在衢州由于冬季有0℃以下的低温冻害和下雪，需要建连栋钢架大棚或简易大棚设施防冻。

（二）肥水管理

春见品种坐果率高、挂果量多，若肥水不足易致树势衰弱，所以，要加强肥水管理。年亩施肥总量为氮磷钾有效成分115～120千克，氮：磷：钾=10：6：8。一般施3次肥，第一次基肥在3月采果后即施，以腐熟农家肥、土杂肥和商品有机肥为主，施肥量占全年施肥量的50%；第二次施肥在8月，以商品有机肥和复合肥为主，结合尿素、碳胺等速效化肥，施肥量占全年施肥量的30%～40%；第三次施肥在翌年的1月中旬，以商品有机肥和高钾复合肥为主，施肥量占全年施肥量的10%～20%。在1月以前，要及时充分灌水以免土壤过干导致果实含酸量过高。

（三）疏花疏果

春见品种在大年若任其结果，则当年挂果过多导致果实小、品质变劣，第二年产量低，导致大小年结果严重。疏果则不仅防止大小年，也有利于当年果实整齐度高、果实发育充分、品质有保证。总的疏果量掌握在总果量的20%～30%。第一次疏果在定果后的7月中旬进行，主要疏去病虫果、畸形果、机械伤果、过小果、过密果、朝天果等。第二次疏果在定果后的8月下旬进行，根据每亩产果3 000千克的目标产量留果。

（四）病虫害防治

参照衢州椪柑一节。

（五）防止果实浮皮和机械损伤

过迟采收和施肥不当则果实易发生浮皮，应注意防止。春见品种的果皮薄而细，在采摘贮藏运输过程中易受伤而造成果实腐烂。贮藏运输过程中果实因挤压易变形而使果实商品性下降。应提高采摘质量，注意轻采轻放轻运，设计牢固耐用防挤的包装箱(盒)，保持果实不受伤、不变形、不浮皮。

第七节 春 香

春香是日本福冈县的石井德雄于1980年发现于自家庭院的一株“日向夏”的自然杂交实生树，经高接后育成。2009年引进衢州市试种，发现该品种品质优、风味口感好、特别耐贮藏，抗性较强，适合在衢州低丘红黄壤上种植。目前，四川、重庆、湖南和浙江等地有少量种植。

一、主要特性

树势中等，枝梢节间短，有枝刺，苗期生长较慢。果实扁球形，果顶部有深凹型印圈，成熟果实黄白色，皮色与尤力克柠檬相似，有光泽，果皮较硬，剥皮稍难。单果重220～260克。成熟果实可溶性固形物达12.5%～15.4%，含酸低(在9月口感已不酸，果皮尚青时就可食用)，有核，甘甜清口，芳香诱人，品质风味极佳。丰产性好，温州蜜柑、脐橙、广橙、胡柚等都可作中间砧高接换种，高接换种第二年可投产。以枳砧小苗种植第三年可投产。对疮痂病、炭疽病、溃疡病等抗性强。抗冻性较好，冬季能耐-5℃以上的低温，在衢州能进行露地栽培。在衢州露地栽培果实11月中下旬采收，在普通农房中可贮藏翌年6月，在低温冷库中可贮藏到翌年的10月，果实不枯水、不变味。该品种坐果率高，留在树上很少落果，适宜作盆栽。

二、栽培技术要点

宜选择土层深厚、疏松肥沃的土壤种植，或经重施粗有机肥、石灰等改良。

注意疏花疏果，每亩产量控制在2 500千克左右。

注重施促梢、壮梢肥，以促进新梢萌发、生产健壮。

高接换种宜选择树势强健、树龄在15年生以下的橘园改接。

第八节 大 分

大分（又名大分1号），是由日本大分县柑橘试验场于1986年用今田早生与八朔杂交育成。浙江象山县1999年引进种植，2008年通过浙江省非主要农作物品种认定，近几年得到迅速推广。

一、主要特性

大分品种树势强，树姿在幼树期表现直立，结果后变开张。枝梢长，有下垂性；部分秋梢或强壮的枝梢上偶有较短的刺，结果多年后退化。幼年树以有叶单花为主，占全树的90％以上，成年树以无叶单花为主，占全树的85％左右。成年树坐果率高，其有叶单花和无叶单花都可以坐果。一至三年生幼树花芽不易形成。果实扁圆形，稍小，平均单果重90g左右。果面稍粗糙，油胞突出，囊衣较硬，果汁多，酸度低，味甜，无种子。9月中旬可溶性固形物10.0％，含酸量1.0％以下。果实转色期在9月上中旬，10月上旬完全着色。丰产性好；与枳壳、枸头橙、斯文格橘柚等砧木嫁接亲和性都较好，较抗溃疡病、疮痂病；日灼果、裂果少。山地、海涂地均可栽植，适应性广。

二、栽培技术要点

（一）建园与定植

应选择日照充分，排水良好，土层稍浅但土壤肥沃的地域栽培，这样更能发挥该品种的优势。砧木可选用枳壳、枸头橙等。宜采用按计划密植，前期栽植密度以110株／亩为宜，进入盛果期前隔株间伐。栽后第二年起，每年于10月底施入鸡粪等有机肥0.5～1吨，并配合施用磷肥。

（二）树体管理

一至三年生幼年树以拉枝为主，夏梢留20厘米左右，秋梢不超过40厘米，及时摘心，在9月上中旬前停梢转绿为宜，防止徒长。初结果树以长放、疏删修剪为主，确保栽后第三年能形成30条以上的有效结果母枝，使之形成果实大小均匀的串状果。对5叶以上的有叶果，宜及早疏去，或在9月上中旬采摘，以防止浮皮果发生。对果实横径6.5厘米以下的果实，可进行完熟栽培至10月中下旬采收，但要防止鸟兽危害。正常结果后以叶果比20∶1为最适宜。高接树第一年以长放、拉枝为主，除主枝延长枝外，拉枝以30°角左右为宜，第二年修剪注意及时疏去基部发生的徒长枝。结果后，及时进行吊枝和拉枝，使果实充分受光。7～8月应尽量保持土壤干燥，有利于着色及糖度提高。

第九节　红美人

红美人（又名爱媛28号），是日本爱媛县农林水产研究所果树研究中心用南香和天草杂交育成的品种。2009年春季从四川省引进衢州试种，成熟期早，果实风味品质极优，是衢州市柑橘品种结构调整的理想品种。

一、主要特性

树势稍强，树姿稍直立，徒长枝发生较多，开始结果后树姿逐渐开张；幼龄时枝刺较多，随着树龄的增大，枝刺逐渐消失。果实较大，单果重200克，果实短卵圆形到球形；果面浓橙色、较光滑，果皮较易剥离；浮皮、裂果少，少核；果肉橙色，柔软多汁，囊衣薄，有香气；降酸早，可溶性固形物12％左右，含酸量0.7％左右；11月下旬成熟，采用设施完熟栽培到翌年1月中下旬采摘，可溶性固形物含量可达14.5％以上，风味极佳。抗寒性较好，贮藏性稍差。

二、栽培技术要点

（一）园地选择

红美人对热量、光照、肥水要求较高，宜选择在避风向阳、光照充足、土壤肥沃、土层深厚、有机质含量较高的园地种植。同时由于红美人对于土壤水分含量较为敏感，需选择排灌方便的地点进行种植，并根据实际情况做好水分管理工作。

（二）增加施肥量

红美人对肥水需求量大，需合理加强肥水管理、增加全年施肥总量。肥料要以有机肥、复合肥为主；成年结果树，全年施4次肥料。春肥：3月上旬施用，以氮肥为主，施肥量占全年30%；夏肥：5月上旬施用，以氮肥、复合肥为主，施肥量占全年20%；秋肥：8月上旬施用，以磷钾肥为主，施肥量占全年15%；冬肥：10月下旬施用，以有机、复合肥为主，施肥量占全年25%。

（三）疏花疏果

红美人坐果率较高，在管理上除修剪调节结果量外，还须及时进行疏花疏果，有效地保持健壮树势。疏花在现蕾至开花期进行，主要是疏除细弱枝上的无叶花序。疏果可分二次进行，第一次在6月下旬，疏除病虫果、畸形果、损伤果及树冠内膛过多、过密果。第二次在8~9月，摘除裂果、病虫果、小果及梢头果。

（四）整形修剪

采用开心形或圆头形整形，幼树期主要以扩大树冠，培养骨干枝，增加树冠枝梢叶片为主。定植后一年促使春梢、夏梢、秋稍整齐抽发，加快树冠形成，初投产树要及时进行修剪，培养有效结果枝组，适当短截主枝、副主枝的延长枝，保持其一定的生长量及树势。成年结果树应以春季修剪为主，结合全年进行，春季对于主枝过多、过密的树，应及时进行开“天窗”式修剪，以改善光照条件。对于高接树在高接当年及第二年应尽快培养树冠，选择生长均匀、分布位置好的骨干枝作为主枝培养，设施栽培区留果到第二年1月的橘树可实行隔年结果。

（五）适时采收

红美人成熟期一般在11月下旬，通过设施栽培完全成熟期在12月下旬到1月下旬。露地栽培可以从10月下旬开始采收，先采收外膛果型较大的果实，之后采收中等大小果实，最后采收内膛小果；设施栽培采收期可推迟到12月下旬，并选择性地留中等果、小果到1月采收，品质更佳，但1月下旬以后留树的红美人果肉开始发软，风味开始下降，需及时全部采收。

（六）病虫害防控

重点防治黑点病、吸果夜蛾等病虫害。设施栽培覆膜前重点防治黑点病，覆膜后要注意红蜘蛛、烟霉病、绿霉病等病虫害的防控，提高果实的外观质量。

此外，生产上存在果梗部周围易发生轮状龟裂(也称开裂症)的问题，主要是由于采收前降雨引起，应避免雨后采摘，或利用大棚避雨的方法可以防止这一问题的发生。

第十节　满头红

满头红原产浙江，是朱红橘的实生变异品种。1981年引入衢州试种，其抗冻性抗旱性抗逆性强，适合浙江西部地区种植，主要经济性状明显优于当地的朱红橘品系—衢橘，是理想的柑橘品种结构调整的特色品种。

一、主要特性

树冠呈自然圆头形，枝疏而且较长。叶小，狭椭圆形。花稍大，完全花。果实扁圆形，朱红色，较光滑，单果重78克。可溶性固形物 10.5%，含酸量0.7%～0.8%，单果有种子8粒。成熟期在11月下旬。该品种适应性强，丰产性较好，品质优，但不宜长期贮藏。

满头红因为色泽大红鲜艳、肉质细嫩化渣、风味甜酸可口，而且象征生活红红火火，深受当地老百姓的喜爱，主要供应当地元旦至春节市场，特别适合搬迁新居、嫁娶婚庆、生日宴会等用果。除了鲜食外，满头红的鲜果及果枝还可以装饰果篮。而且由于树姿婆娑，果实大红、叶片碧绿，可点缀庭院，特别适宜作为休闲采摘游品种和农家乐的景观树种。

二、栽培技术要点

(一)整形修剪

满头红枝梢长而软，易披垂，整形时保持主干高度在50～60厘米；宜采用疏枝和回缩为主的修剪方法。

(二)疏果

满头红结果习性好，大年应注意疏果，控制大小年结果。

（三）病虫防控

在萌芽期和幼果期注意防治柑橘疮痂病，在盛花期注意防治灰霉病。

第十一节　夏红橘柚

夏红橘柚是衢州市农业科学院于1989年从衢州地方柑橘资源中选育的一个杂柑芽变新株系，1996年起开始在龙游少量试种，因其有果型大、外观漂亮、极耐贮藏等优点，在贮藏性及外观上优于胡柚。近几年已在龙游、衢江、柯城、兰溪、建德等地试种与推广。2012年10月，通过浙江省非主要农作物品种认定委员会的审定。

一、特征特性

（一）植物学特性

夏红橘柚树势强健，成年树高214～325厘米，冠径225～372 厘米。在衢州龙游，萌芽期4月上旬，春梢平均长度17.3厘米，比胡柚长3.7 厘米。夏红橘柚叶色浓绿肥厚，新梢枝条叶片色泽微红，叶翼较大，树势强的树叶片平均长度11.9厘米、平均宽度5.3厘米；枝条萌芽率高，成枝率强，无刺；始花期4月25日左右，盛花期5月1日左右，终花期5月6日左右。

（二）果实及品质特性

夏红橘柚果实扁圆形，着色期比胡柚迟7～10天，成熟期11月中旬。采收时果面黄绿色，贮藏1个月后果面变为橙红色，有光泽，外观漂亮，色泽比胡柚更鲜艳。单果重298～327克。夏红橘柚果实酸度高，11月中旬采收时果实可滴定酸含量为2.17%，贮藏前期果实的可滴定酸含量下降较慢，到5月和6月迅速下降，贮藏至翌年5月可滴定酸含量可降至1%以下。果实可溶性固形物采收时11.2%～12.0%，贮藏期间变化不大，至翌年3月11日可溶性固形物为11.2%；至4月13日可溶性固形物为11.0%。维生素C含量高，每100克果汁中维生素C含量为32.30～59.67毫克（表1）。

表1　采后不同时期夏红橘柚的品质变化

分析日期	可溶性固形物（%）	总糖（%）	还原糖（%）	蔗糖（%）	可滴定酸（%）	维生素C (mg/100g)
2008-12-14	12.0	6.66	3.63	3.03	2.17	43.17
2009-02-09	12.0	6.85	3.91	2.94	2.17	49.72
2009-03-11	11.2	7.03	3.71	3.32	1.85	59.67
2009-04-13	11.0	6.79	3.68	3.10	1.55	53.04
2009-06-18	11.2	8.63	5.48	3.15	0.84	32.30

贮至翌年5月中旬，测定表明，夏红橘柚可溶性固形物、总含糖量低于胡柚，而可滴定酸含量略高于胡柚，表明其品质略低于胡柚（表2）。

表2　夏红橘柚、夏红橘柚母树和胡柚的品质比较（2010.5.13）

	可食率（%）	可溶性固形物（%）	总糖（%）	还原糖（%）	可滴定酸（%）	维生素C (mg/100g)
夏红橘柚	61.6	10.50	7.8	4.0	0.86	31.1
夏红橘柚母树	56.7	10.80	7.8	3.4	0.73	31.8
胡柚	59.7	10.84	8.6	3.7	0.61	33.8

（三）丰产性状

2007—2009年连续3年对龙游县模环乡东徐村18.1亩夏红橘柚核心示范基地进行实地验收和测产表明，2007年平均亩产6 133千克，2008年平均亩产5 957.8 千克，2009年平均亩产6 363.6 千克，三年平均亩产6 151.3 千克。而1996年最早种植的1.1亩，盛产期的年平均亩产量达到了7 429 千克。对照园胡柚面积5亩，1997年种植，2007年平均亩产2 916.5 千克，2008年平均亩产4 166.5 千克，2009年平均亩产4 833.5 千克，三年平均亩产3 972.2 千克。以上结果表明：夏红橘柚的丰产性好，其三年的平均亩产比胡柚多2 179.1 千克，高出54.9％。

（四）夏红橘柚的抗逆性

夏红橘柚的抗冻性强于胡柚。在1999年12月21日，龙游县最低气

温 -7℃，夏红橘柚树轻微受冻，落叶率19％～34％，冻害级别平均为1级，而胡柚落叶率27％～52％，冻害级别大部分为1级，少数为2级，夏红橘柚受冻比胡柚稍轻。2005年1月1日，龙游县最低气温 -6.6℃，夏红橘柚基本没受冻，胡柚轻微受冻，冻害级别为0～1级。据近几年来连续观测，在田间没有发现夏红橘柚枝叶芽等感染溃疡病、疮痂病，胡柚易感染溃疡病和疮痂病。耐高温干旱能力与胡柚接近。

二、栽培技术要点

（一）育苗种植及高接

夏红橘柚以枳作基砧培育嫁接苗种植，撩壕种植，株行距3米 ×4米。也可在椪柑、温州蜜柑、香抛等品种上用夏红橘柚进行高接换种。

（二）肥水管理

夏红橘柚年施肥2～3次，2月底3月初施催芽肥，株施复合肥0.75～1 千克；壮果肥6月20日左右施，株施1.5千克碳铵 +0.5千克过磷酸钙，或1千克复合肥 +0.25千克尿素。采果后即可施冬肥，以有机肥为主。

（三）整形修剪与疏果

夏红橘柚树型为自然开心形。在萌芽前剪除内膛枯枝、交叉枝，超长枝短截。抹除晚秋梢。疏果在7月上旬至7月底进行，疏去病虫果、畸形果、机械伤果、花皮果和小果。

（四）病虫害防治

夏红橘柚较抗溃疡病、疮痂病和红蜘蛛，全年防治病虫4～5次，着重进行锈壁虱和潜叶蛾的防治。

（五）采收与贮藏

11月中旬采收，随即用1 500倍的50％万利得乳油 +40％百可得可湿性粉剂浸果，发汗7～10 天后用塑料袋单果套袋，然后进入常温农家库贮藏。

第十二节 甜春橘柚

甜春橘柚自2001年引进衢州市试种，发现该品种树势强旺，早结丰产，抗寒抗旱耐瘠抗病虫，适应性广，果实含酸量低、风味品质优，贮藏性好，在衢州露地栽培获高产，市场反响好。

一、主要特性

(一)树势强旺，早结果能丰产

甜春橘柚生长势强，枝梢顶端优势明显，萌芽力成枝力均强，枝叶形态接近中熟温州蜜柑。树冠圆头形。有叶花枝比例高。春梢和秋梢都可成为结果母枝，树冠内外的结果枝都可结果。物候期与“尾张”温州蜜柑接近，7~10月为果实发育膨大期。果实于11月下旬成熟。枳砧树种植后第三年投产，亩产量850~900千克，第四年亩产量1 400~1 500千克，第五年亩产量约2 000千克。若高接在温州蜜柑、胡柚大树上，第二年亩产750~800千克，第三年亩产1 500千克左右，第四年亩产约2 200千克。成年结果树亩产量约3 500千克。

(二)果实风味品质好

甜春橘柚果实为扁球形，单果重约237克，果皮橙黄，果面稍粗糙，剥皮较难。果肉橙黄色，柔软多汁，甘甜清口，无酸味，有香气，无核或少核。果实耐贮藏，在普通农房中能贮藏至翌年4月，但3月后果实易枯水，其口感没有前期好。

(三)抗逆性强，适应性广

甜春橘柚抗寒性强于椪柑，所以凡能栽培温州蜜柑、椪柑的地方都能种植甜春橘柚。甜春橘柚抗旱耐瘠抗病虫，而且耐肥，在丘陵低山或平原地，红黄壤或冲积土都能种植。

二、栽培技术要点

(一)立地条件选择

此品种对立地条件要求不高，但海拔500米以下、土壤深厚疏松肥沃、朝南的山坡地种植果实更甜、风味更好。

（二）定植与高接换种

以枳作砧木，高接换种时其中间砧可选胡柚、温州蜜柑、柚。种植前先用腐熟农家肥、土杂肥、菌渣、砻糠、堆肥等改土，每亩用量5～6吨。山坡地宜筑梯田种植，宽度在3米以上，种植前在梯地中间挖宽80厘米、深60厘米的定植壕，先埋入粗有机质和农家肥等，按一层肥一层土的形式混堆，最上面要高出园地面20厘米，3个月后土下沉即可种植苗木，株行距4米 ×3米；也可进行按计划密植，先按2米 ×3米种植，待封行后再隔株间伐。每年9月上旬至10月中旬和2月中旬至3月下旬种植为宜。

（三）肥水管理

甜春橘柚花量大、坐果率高、果实大、产量高，亩施肥应比早熟温州蜜柑高出20％左右。幼年树年施肥4次，即于3月初、5月初、7月初、11月上旬施商品有机肥＋速效化肥，前3次肥主要为促梢壮梢肥，9～10月停止施肥以免抽发晚秋梢，11月上旬施的是越冬肥，促进树体积累营养提高抗寒性。幼年树年株施尿素0.25～0.5千克，过磷酸钙0.2～0.25千克，硫酸钾0.1～0.3千克。盛产期年亩施肥总量为氮磷钾有效成分130～140千克，氮：磷：钾＝10：5：8；年施肥3～4次，即春季萌芽肥，夏秋季的壮果促梢肥1～2次，采果肥1次，各次施肥量占年总施肥量的50％、30％、20％，其中腐熟栏肥、堆肥、厩肥、饼肥、商品有机肥等有机肥占40％以上。在梅雨季节注意排水防止积水，在夏秋季遇到连续15天以上的高温干旱天气，要灌溉防旱。

（四）整形修剪

大多甜春橘柚树势强健，其修剪要轻，主要以疏除交叉枝、徒长枝、内膛荫蔽枝、病虫枝等。若出现树势衰弱的情况，则需要对过弱的枝条与枝组进行短截，结合施肥浇水促发新梢。

（五）花果管理

花量多的年份在萌芽前进行短截枝梢，以疏除部分花芽，促发营养梢。花量少的年份需要用1克九二〇用酒精溶解后加入20千克的水，在花谢有2/3时和果实黄豆大时各喷1次药保果。可按叶果比40：1进行疏果，多余果实于7月上中旬疏去，先疏去病虫果、风癣果、畸形果、过密果，再疏去多余果。疏果定果后套双层纸袋，此方法生产的果实果面更光洁、安全性更可靠、商品性更好。

（六）病虫害防治

甜春橘柚病虫害主要有疮痂病、红蜘蛛、介壳虫、潜叶蛾等。为防疮痂病应抓住春梢长5毫米、花谢2/3和幼果期这三个重点时期进行防治，春梢期和谢花期以预防为主，幼果期以幼果发病率达20％时进行防治。春梢期喷0.5％～0.8％等量式波尔多液；花谢达2/3时喷78％科博600倍液、或用80％必备500倍液、或用77％氢氧化铜600倍液、或用30％王铜600倍液或用20％噻菌铜500倍液等；幼果期宜用75％百菌清800倍液、或用25％溴菌清800倍液、或用70％甲基托布津800倍液、或用50％多菌灵600倍液或50％～80％代森锰锌800倍液等。其他病虫的防治方法可参照鸡尾葡萄柚。

第十三节　黔阳无核椪柑

黔阳无核椪柑在2004年从湖南洪江市引入衢州试种，发现其生长健壮，丰产优质，抗逆性强，在衢州丘陵低山的红黄壤上生长结果良好。

一、主要特性

（一）生长健壮，早结丰产

黔阳无核椪柑生长健壮，萌芽力成枝力强，枝、叶的生长习性、形态与衢州椪柑相似。五年生枳砧树树高181～220厘米，冠径139～174厘米。以枳基砧衢州椪柑，作中间砧高接换种表现亲和。一年生枳砧苗春季定植后第三年挂果，五年生树平均亩产1 380千克，盛果期株产2 500～3 000千克。高接树树冠恢复快，第二年开始结果，第四年平均单株产果37.1千克，最高株产果达84.3千克，平均亩产2 041千克。

（二）果实品质优，耐贮藏

果实扁球形，整齐、端庄，平均果重128克，最大果重312克。果皮橙红，色泽艳丽，易剥离，囊瓣9～12枚。肉质脆嫩，化渣，汁多，具清香，风味浓郁，品质优。成熟时含可溶性固形物12.5％～13.4％（普通椪柑固形物仅10.7％～12.6％），贮藏60天时，每100毫升果汁含总糖量11.78克，总酸量0.66克，含维生素C 23.68克，可溶性固形物达13.0％，可食率为70.03％。单果用薄膜包装在室温条件下贮120天，好果率为93.60％。

（三）无核性状稳定

黔阳无核椪柑无核性状很稳定。在引进试验中与有核的衢州椪柑混栽，果实仍几乎无核，单果平均种子数为0.03粒。研究证明，花粉不育（败育率92.21％～99.32％，萌芽率为0）和胚囊高度败育是其稳定无核的原因。

二、栽培技术要点

（一）计划密植

采用枳砧，树冠较矮化，前期树姿直立，实行按计划密植可显著提高前期总产量。挖大穴或撩壕，株行距2米 ×3米，亩栽植110株，封行后，隔行间移或间伐，亩保留55株为宜。

（二）科学施肥

幼树结合春、夏、秋梢的抽生全年施促梢壮梢肥5～6次，每株平均施纯氮0.1～0.3千克，氮、磷、钾的比例为1.0：0.6：0.5。结果树全年施肥4次，采果肥、萌芽促花肥、保果肥、壮果促梢肥的施肥量分别占全年施肥量的40％、20％、10％、30％。亩产2 500～3 000千克的橘园，年施纯氮30～45千克，氮、磷、钾的比例为1.0：0.5：0.8，有机肥约占50％。

（三）土壤管理

山地椪柑园自定植第二年开始，在树冠两侧顺着原定植穴外缘轮换挖深、宽各60厘米的壕沟，分层埋入绿肥、山青等有机肥，熟化改良土壤。如此逐年向外扩展，直至全园完成熟化。封行前，在行间种植绿肥或用生草覆盖，夏、秋干旱，应适时灌水，树盘覆盖10～20厘米厚的绿肥或杂草，可保水防旱。

（四）夏季修剪

夏梢旺盛抽发会加剧生理落果，必须适时抹芽控梢，促进着果，集中放秋梢；对树冠中上部的衰弱枝、落花落果枝适当短截，对生长较长的春夏梢应适时摘心，促发秋梢结果母枝，调节营养枝与结果枝的比例，以保持立体结果树冠，延长丰产年限。

（五）调控果量

盛果期单株结果量多达1 000个以上时，易导致果实偏小。第二次生理落果后，应分期分批疏去病虫果、畸形果、密生果，每株留果300～500个，株产保持25～50千克。对少花树，谢花后可用增效液化BA+GA（涂果型，每10毫升加水0.75千克）喷、涂幼果1～2次保果。

（六）防治病虫

以红蜘蛛、锈壁虱、潜叶蛾及炭疽病为重点进行综合防治。冬季全面清园，并喷洒波美1°的石硫合剂，减少越冬病虫源；3～10月，根据病虫测报，适时、科学地使用农药防治，将病虫危害控制在最低限度。

第二章　栽培技术

第一节　柑橘“三疏一改”技术

随着柑橘树龄的增大，橘园出现树冠郁蔽、内膛空虚、枝梢间严重交叉、通风透光不良、结果部位外移等现象，这已成为当前柑橘优质丰产的主要障碍。衢州市针对橘园存在的以上弊病，研究集成了“三疏一改”技术，即：一疏除过密树，二疏大枝，三疏果和一改偏施化肥为增施有机肥的综合技术措施，促使橘园重新恢复生机，达到通风透光、合理坐果、立体结果、群体平衡优质丰产的目的，以提高生产效益。“三疏一改”技术易懂、操作简便、节工省本。

一、疏　树

疏树是指疏除或移栽过密大树，当橘园出现封行时，树与树之间枝叶交叉，覆盖率超过95％时就应疏树。

（一）疏树标准

平地橘园每亩控制在40株以内，山地椪柑园每亩控制在50株以内。培养独立树冠和开张的树形，树体外围呈波浪形，树冠覆盖率在85％～90％，树冠间距≥20厘米，树冠绿叶层厚≥200 厘米，橘园内通风透光，橘树立体结果。

（二）疏树方法

疏树在12月至翌年的3月进行为宜。疏树的方法分两种：一种是将要保留的树先行露骨更新，重新抽发健壮的枝梢，培养新的树冠，而按计划疏去的树再留一年结果，第二年再间伐。这种方法可使保留树生长健壮、经济寿命长、果实的品质高，但费时费力；另一种是保留的树不进行露骨更新，直接间伐(间移)，这种方法省力。直接间伐(间移)又分两种情况，一是根据不同的栽植方式和密度，采用隔株、隔行或梅花形格式一次性间伐或疏移过密橘树；二是采用分期间伐或疏移过密橘树，即先回缩修剪将要间伐或疏移的树，使保留树树冠的外缘扩展，这样2～3年后再将要疏去的树按隔株、隔行或梅花形格式间伐或疏移到位。

间伐或疏移树的根系须清理干净。通过疏树后，每棵树有独立树冠，树形良好，通风透光条件明显改善。

二、疏 枝

疏枝主要是疏大枝(也叫大枝修剪)，实质上是从树冠下部到上部，从中心到外围重新安排树冠骨架的修剪。当树冠出现郁蔽，内膛空虚或枯枝增多，树与树之间枝梢严重交叉时即可进行。

(一)疏枝标准

每株树留主枝3～4个，每个主枝上的大枝留3～5个，主枝之间有较大的空间距离，树高控制在3.0米以内，培养矮化开张、下大上小的球锥体树冠，改善树冠内部通风透光条件，让每一个橘子都能享受阳光。

(二)疏枝方法

疏枝于2月下旬至3月上中旬进行为宜。疏枝原则是去密留稀，树冠上部去强留弱，下部去弱留强。疏枝的顺序为先疏大枝再疏小枝。疏大枝先疏内膛直立强旺枝，再疏过多过密的大枝，首先据掉2～3个枝径2 厘米以上的遮荫严重的直立大枝，使树冠中出现“天窗”，让较多的阳光直接照进树冠内膛，改善树冠内部的光合效能。然后，对枝径1～2 厘米的侧枝进行回缩修剪。对位置好、要保留的相对直立的大枝或侧枝，采取“拉枝”的方法，即用绳索或塑料带将直立的枝条中上部绑住向侧面或斜下方拉伸，以开张角度。对直立枝组、衰老枝组和密生枝组及时回缩疏除。疏除部分过密的结果母枝。再疏除枯枝、病虫枝和交叉重叠枝。对于位置好但过长的大枝进行短截，培养新的枝组，降低树高率。对于按计划密植的橘园，对永久树按以上方法进行，而按计划疏除的树多剪枝，使其树冠修剪成向行间二侧发展的偏形树冠，并随着永久树的树冠扩大，逐年压缩计划疏除树的树冠，直至最后将其间伐。通过疏枝应促进树冠大枝数量合适、位置合理，枝条分布错落有致、内密外稀、下密上稀、层次分明，树冠内膛通风透光良好，内外挂果均匀，果实着色良好。

大枝修剪中注意事项是：疏枝一次性到位容易使树体受损、使根系严重受伤，宜3年内逐步进行为宜。应根据树冠郁闭情况和大枝的数量，每年去除1～2个主枝或3～5个大枝，锯除大枝要从基部去除，不留桩且锯口要斜平。大年树、多花树要多疏重疏，小年树、低产树宜少疏轻疏，年疏除的枝叶量以不超过全树枝叶量的25％为宜。疏枝修剪后树冠中下部萌发的春芽，选择位置好可以用作扩大树冠或培养成下年结果枝的芽保留，其余的芽全部抹除。留下的芽长到15～20厘米时进行摘心，促进枝梢壮实并促发下一次梢。

三、疏　果

通过疏果，在生产阶段将果型小、果形不正、外观粗糙伤疤多、商品性差的果实去除后，留下的果实果型大、端正整齐、外观光洁、商品性好，可以提高果实品质和销售价格。试验表明，在7月、8月果实小者其在成熟时果也小，反之在七八月果实大者在成熟时果也大。此项试验结果为疏果技术提供了理论依据和指导。

（一）疏果时间

应在生理落果结束后尽早进行，有利留下的果实发育，节约营养。分两次进行，至9月上旬基本结束。按品种分：天草品种，5月底至6月上旬第一次疏果，7月上旬第二次疏果；胡柚、早熟温州密柑、脐橙在6月底至7月上旬第一次疏果，8月下旬第二次疏果；椪柑、迟熟温州蜜柑在7月中下旬第一次疏果，8月下旬至9月上旬第二次疏果。

（二）疏果量

（1）按叶果比疏果。各品种合适的叶果比为：天草（70～80）：1；胡柚（60～80）：1；早熟温州蜜柑(30～35) ：1；迟熟温州蜜柑（25～30）：1；椪柑（80～100）：1；脐橙（70～90）：1。

(2)按单位面积计划产量和等级果率确定留果量。除温州蜜柑外，其他品种每亩产量控制在3吨以内。

留果量(个)按下列公式计算：$C = D/A \times a\% + D/B \times b\%$

其中，A：一级果平均单果重；a%：一级果占总产比例；B：二级果平均单果重；b%：二级果占总产比例；C：留果量(个)；D：计划单位面积产量。

应根据橘园栽培条件、树龄、树冠大小及当年情况调整疏果量，大年树、坐果率高的品种可多疏，小年树、低产树可少疏或只疏掉病虫果、畸形果。椪柑、温州蜜柑、脐橙等易产生果梢矛盾的品种，疏果时应与控抹夏梢技术配套进行。

(三)疏果方法

第一次疏掉病虫果、畸形果、疤痕果及小果，小果是指：椪柑、迟熟温州蜜柑果径<2.5厘米，胡柚、早熟温州蜜柑的果径<3. 0厘米、脐橙果径<4厘米。第二次则按留果标准继续疏掉病虫果、畸形果、风癣果、日灼果、粗皮大果及多余的果。

四、改偏施化肥为增施有机肥

衢州土壤以红黄壤为主，虽土层较深厚，但未经改良的有机质含量在1.0%以下，酸性较重，pH值4.5~5.5，结构不良，土粒分散，板结、透气性差。种植柑橘后橘园土壤有机质含量有所提升，pH值有所提高，但还达不到生产优质柑橘果实的理想条件。

(一)新种橘园

定植前修水平梯地，挖定植沟，一般宽1米，深60~80厘米，宽80~100厘米，沟内先填栏肥、堆肥、杂草、树枝、秸秆、绿肥等，上撒石灰，并盖土。园地定期深翻改土，每3~4年做到全园深翻土一次。建蓄水池，购置简易的提引水设施。间隙地种草，进行生草栽培。年施塘泥、骨粉、鱼粉、人粪尿、禽粪、厩肥、堆肥和饼肥等有机肥，使园土肥力提升、结构改善，保水保肥能力强，肥力提高，有机质达到1.5%以上。每亩年施石灰100~150千克，中和土壤酸性，把园土的pH值提高到5.5~6.5，并提高土壤中有效钙的含量。

（二）成龄橘园

近几年来橘园施用有机肥的面积和数量逐年减少，偏施化肥的现象日趋严重。化肥的成分比较单纯，而且不含有机质，偏施化肥容易破坏土壤结构和引起柑橘缺素症，从而影响柑橘品质，而增施有机肥确能培肥地力改良土壤，向柑橘提供比较完全的营养，促进增产和提高品质。生产实践证明，要获得优质丰产，在全年施肥中，有机肥应占全年施肥总量的40％左右。增加橘园有机肥有广阔的来源，提倡橘园生草；园地实施稻草或割草覆盖；采用大枝修剪下来的枝叶经粉碎后通过深翻改土还园；通过增施饼肥、栏肥或带有有机质的有机无机复混肥甚至用肥泥、塘泥等都能增加土壤有机质；有机肥的施用可在每年6月中旬至7月上旬结合深翻改土时施入；也可在冬夏季先进行生物覆盖，起到保暖防旱作用，然后再翻入土中；而腐熟的有机肥、饼肥一般在柑橘定果前后施用，保质保量施好这次有机肥能显著提高柑橘品质、增强树势。

（三）椪柑结果树的施肥

以37.5吨／公顷为目标产量，每年园土施2次肥，在树冠滴水线处开环状沟或树盘内开挖放射状沟施入。施肥总养分量（$N+P_2O_5+K_2O$）为1 500千克／公顷，氮磷钾比为1：0.6：0.8，其中有机肥占总肥量的40％。3月上旬施重肥（占施肥量的65％）同时每公顷撒施1 500千克生石灰，7月中旬施轻肥（占施肥量的35％）。若采收时树势过弱，在采果前1周内或采果后，立即进行2次叶面追肥，喷施0.3％的尿素＋0.20％磷酸二氢钾。

第二节　柑橘病虫害绿色防控技术

柑橘病虫害绿色防控技术是坚持“预防为主，综合防治”植保方针，贯彻“公共植保，绿色植保”理念，协调生态调控、物理防控、生物防控和科学用药等环境友好型措施，在减药控害的基础上，将柑橘病虫为害控制在经济损失的允许水平以下，确保柑橘生产安全、质量安全和生态安全。

一、生态调控

（一）合理修剪

做到橘树种植不过密。保持良好树形，改善通风透光条件，创造有利柑橘树生长的环境。清除枯枝落叶，剪除病虫枝，减少病虫为害基数。

（二）科学施肥

增施有机肥，全营养平衡配方施肥，增强树势，提高树体耐害性和抗病虫能力。如氮肥施用过量，则导致叶片组织含氮物质营养丰富、老熟缓慢，导致蚜虫、柑橘木虱、红蜘蛛、柑橘凤蝶、疮痂病等病虫害偏重发生。

（三）橘园生草

在去除杠板归、菟丝子、喜旱莲子草、狗牙根等恶性杂草的前提下，让橘园自然生草，保护生态环境。春季实行橘园生草，可以减少水土流失，增加土壤有机质，同时创造有利于捕食螨等天敌的生存环境。在7月上中旬梅雨季节结束时，及时刈割并进行地面覆盖。减少土壤水分蒸发，提高树体抗旱能力。首先是覆盖树盘，再覆盖其他地面。

（四）种植绿肥

冬季绿肥品种有蚕豆、箭舌豌豆、黄花苜蓿和窄叶野豌豆（紫花苕子），10～11月种植，翌年4～6月刈割，结合深翻改土压埋入园土中或进行生物覆盖。夏季绿肥有大豆、花生、印尼绿豆、印度豇豆、大猪屎豆和黑麦草等，可在3～4月种植，梅雨季结束前结合深翻埋入园土中或刈割进行生物覆盖。注意橘园不能间作高秆作物和根深作物，树盘内不能间作，以免与橘树争夺养分和水分。

（五）加强疏果

在7月中旬和8月下旬两次疏果，尤其要注意疏除疮痂病果，切断疮痂病等病害侵染循环，可显著减轻疮痂病的发生。在柑橘发芽期不使用波尔多液等铜制剂，避免刺激叶螨猖獗繁殖。6月前不用杀螨剂，可有效保护蚧壳虫的天敌，改善橘园生态环境，以控制害虫的发生。

（六）人工捕杀害虫

人工摘除或用竹竿拍打法，去除蓑蛾的护囊和卷叶虫的虫苞。用铁丝钩杀树干中的天牛幼虫，人工捕抓天牛成虫和黑蚱蝉成虫。柑橘灰象甲成虫上树后，应利用其假死性，将其震落并集中消灭。

（七）处理病虫枝叶

入冬前树干用石灰水刷白，剪除病枝和病果，清除地面的枯枝、落叶和病果，集中粉碎，然后放至土穴中并浇水，再覆盖薄膜堆沤，制成堆肥。既减少了病虫来源，又开辟了有机肥源。

二、物理防控

（一）悬挂黏虫板

利用蚜虫、木虱、粉虱、蓟马和广翅蜡蝉等害虫对黄色的趋性，在橘园悬挂黄色黏虫板，每公顷悬挂300～400张，可以起到较好的杀虫效果。

（二）安装频振式杀虫灯

频振式杀虫灯是利用害虫较强的趋光、趋波、趋色、趋性信息的特性，将光的波长、波段、波的频率设定在特定范围内，近距离用光、远距离用波，加以诱到的害虫其自身产生的性信息可引诱成虫扑灯，灯外配以频振式高压电网触杀，使害虫落入灯下的接虫袋内，达到杀灭害虫的目的。每2公顷橘园装1台频振式杀虫灯，从4月至9月，每天傍晚亮灯，早上关灯，可以有效诱杀金龟子、卷叶蛾、星天牛、尺蠖、蟏蛸、吸果夜蛾等害虫。

（三）放置引诱剂

利用金龟子、地老虎、黏虫、斜纹夜蛾等害虫的趋化性，采用糖：醋：酒：水：90%晶体敌百虫=10：20：5：90：1（重量比）的糖醋液诱杀。糖醋液配置好后，放入盆中，每亩果园挂5～7盒，悬挂高度1.5米。应及时清除诱集到的害虫，每周要更换新鲜的糖醋液。

三、生物防控

（一）以螨治螨

应用胡瓜钝绥螨可控制柑橘全爪螨和锈壁虱。4月至5月阴天傍晚释放捕食螨，结果树每棵挂1袋（含300头以上活螨，包括卵、幼螨和成螨）。

（二）以虫治虫

通过生草栽培（自然生草或间作绿肥及其他有益植物）来改善果园生态环境，保护瓢虫、草蛉、蚂蚁、食蚜蝇、花蝽、寄生蜂等天敌，或者经人工饲养释放、引进天敌，增加天敌种群数量，充分利用天敌来杀灭控制柑橘虫害。

（三）以菌治虫

粉虱座壳孢菌（*Aschersonia aleyrodis*）、扁座壳孢菌（*A.placenta*）分布普遍，并有较高的寄生率，是控制柑橘粉虱的重要天敌。粉虱发生后不必使用化学农药，可采取人工接种办法以菌治虫；空气湿度较低时可对树冠喷水，有利菌类增殖；防治其他病虫害时，应注意控制农药使用范围及次数，以保护和利用有益真菌。

（四）放养鸡鸭

4～6月橘园湿度高，有利于蜗牛、蛞蝓的繁殖。每亩橘园放养鸡鸭50只左右，可以有效降低橘园里蜗牛、蛞蝓的数量，避免使用杀蜗药剂。

四、化学防控

（一）强化预警监测

建立柑橘病虫监测监控队伍。在柑橘产区建立柑橘病虫监测点，对柑橘疮痂病、黑点病、红蜘蛛、锈壁虱、黑刺粉虱、柑橘粉虱、红蜡蚧、矢尖蚧等主要病虫害开展监测，重点监控黄龙病、果蝇等检疫性病虫害。根据监测结果及时发布柑橘病虫情报，以指导橘农及时合理防治病虫，提高防治效果。

（二）实施专业化统防统治

示范推广统一药剂配方、统一施药时间、统一施药技术、统一施药器械和统一施药机手等“五统一”措施，实施专业化统防统治，提高化学防治效果，达到化学防治减量的目的。

（三）科学喷施农药

选用高效、低毒、低残留的农药，优先选用植物源、矿物源、生物农药。根据病虫害发生情况选择适宜的防治时期，不随意加大药剂使用浓度。3月上旬在橘树发芽前，喷施20％松酯酸钠可湿性粉剂80～100倍液，防治介壳虫、黑刺粉虱和红蜘蛛等害虫，兼治树干上的地衣、苔藓和叶面上的煤烟病。4月上旬，喷施2.5％高效氯氟氰菊酯乳油1 500倍液、或用48％毒死蜱乳油800倍液，或用2％阿维菌素乳油2 000倍液，防治潜叶甲，兼治花蕾蛆和蚜虫。5月下旬至6月上旬，喷施99％矿物油150倍液＋80％代森锰锌可湿性粉剂600倍液，防治叶螨、介壳虫和黑点病。7月下旬，喷施80％代森锰锌可湿性粉剂600倍液或2％阿维菌素乳油2 000倍液，防治锈螨和黑点病。9月下旬至10月上旬，喷施24％螺螨酯4 000倍液，防治叶螨。注意，防治红蜘蛛是否用药应按虫口情况来定，春季掌握在每叶5头以上用药，秋季为每叶2～3头即可用药。

（四）严格执行农药安全间隔期

农药使用安全间隔期是指最后一次施用农药的时间到农产品收获时相隔的天数。严格执行农药安全间隔期制度，在10月上旬后橘园停止使用化学农药，使柑橘农药残留符合国家相关规定，保障柑橘质量安全。

第三节　柑橘地膜覆盖栽培技术

地膜覆盖栽培技术在草莓、葡萄、梨、樱桃等果树上应用有显著的增产效果，已为各地的试验所证实，而它在柑橘上的报道很少。技术人员经过连续五年的试验表明，橘园地膜覆盖栽培操作简便，增收节支的效益明显。

一、全年地膜覆盖栽培技术

（一）全年地膜覆盖对橘园土壤环境和柑橘生长结果的效应

橘园全年地膜覆盖，0～40厘米土层的地温比对照增加1.2～3.4℃，地温和土壤含水量年变化幅度较小。由于没有雨水迳流的产生，土壤中肥料流失率比对照区约低72％。0～30厘米土层的细根量增加98％左右。橘树枝梢总长度和叶片总数增加，叶片明显增厚。柑橘产量比对照区增加23.9％～87.6％，不需使用化学除草剂。施肥、灌水、中耕除草的劳动用工和肥料、农药的用量明显减少，总的生产成本比对照区减少37％～54％。

（二）全年地膜覆盖的具体操作

1. 覆膜前的准备工作

根据橘树大小和生长结果情况，及时施好采果肥。在采果肥施后约1周，将橘园全面翻耕一次，翻耕深度为15～25厘米。翻耕时不要将大土块打碎，有较多的大土块可以增加土壤上层的透气性，防止人工作业（如治虫、修剪等）时踏踩使土壤板结。翻耕时红壤酸性橘园每亩施石灰50～75千克，若有栏肥、堆肥等有机肥填入，则效果更好。

2. 覆膜

所用地膜为0.015～0.02毫米厚的聚乙烯薄膜。除树干周围20厘米左右区域内和排水沟不覆膜外，整个畦面在橘园翻耕后及时盖膜，以防土壤水分的大量蒸发。覆膜时顺畦向从畦面到沟底一条一条覆盖，膜与膜交接处要有10～15厘米的重叠。膜拉紧铺平，紧贴地面，四周用土压实，中间也应压上一些大土块，以防膜被大风掀开。

3. 覆盖橘园的管理

施肥：全年地膜覆盖橘园的施肥有两种方法，即一次施肥法和两次施肥法。一次施肥法的具体做法是：果实采收后，在橘树滴水线下方开环状沟，沟深25～30厘米，施肥量为常规管理法全年施肥量的60％～70％，要求氮、磷、钾肥合理搭配，并适当增加有机肥的比例。例如，株产30～40千克的橘树，每株施尿素0.5千克，N、P、K三元复合肥0.5～0.75千克，钙镁磷肥1千克，油菜籽饼肥2.0～2.5千克，人粪尿一桶（注意尿素必须是冲水浇施而不能干施)，再覆土盖平。两次施肥法的具体作法是：在一次施肥的基础上，翌年的8月中下旬将地膜掀开再施一次肥料，这次肥料以N、P、K三元复合肥为好，每株施入0.75～1千克。施肥后重新将薄膜盖好。

浇水：橘园覆盖地膜后，土壤水分除经树叶蒸腾外，地表蒸发很少，土壤含水量的变幅小，一般不需浇水。如果7～9月连日高温无雨，仍应浇水。方法是揭膜后将土壤浇透再盖好地膜，可保持1～5个月之久。

其他管理：覆膜后杂草难以生长，因此不需除草。病虫发生较少，其防治方法与常规管理法相同，只是次数略减。地膜为塑料制品，如果残膜不清理就施肥翻土，会影响橘树根系生长，所以必须加以清除残膜。

二、秋季地膜覆盖栽培技术

(一)橘园秋季地膜覆盖栽培的效果

橘园秋季地膜覆盖栽培即在秋季至果实成熟采收这一段时期对地面覆膜，保持土壤水分较少的状态，抑制果实的继续膨大，可以提高柑橘果实的果实可溶性固形物2.3°～3.8°。

(二)秋季地膜覆盖的具体操作

1. 选择橘园

秋季地膜覆盖适用于地势高燥、不会积水、光照良好的橘园。地势低洼易积水的橘园切勿使用。树体光照条件良好、叶片健壮的成年橘树，光合功能强，秋季地膜覆盖后才能起到显著增加果实糖度的作用。因此，开始郁闭的成年密植园，要进行间伐和精细修剪等措施，使树体通风透光条件改善后才可使用。平地橘园，要挖沟做畦，使橘园排水沟畅通不易积水，再行地膜覆盖。

2. 覆膜

8月下旬施壮果肥(以N、P、K复合肥或人畜粪尿为宜)后，在下大雨之前覆膜。在浙江省衢州以8月底至9月上旬进行为好，因9月中旬后，秋雨连绵往往没有覆盖的机会(若降雨后覆膜并不好，反而有保持土壤水分的逆效果)。但最迟不要超过10月初，否则对增加果实糖度的作用不大。橘园地膜覆盖质量的好坏，是秋季地膜覆盖栽培技术能否成功的关键。根本要求是地膜与地膜之间连接紧密，使雨水不能渗入地膜覆盖的土中。因此，覆盖地膜前翻耕的土壤应整平，或不翻耕土壤，覆膜时要求地膜与地膜之间用包装胶带纸粘合。尤其值得注意的是树干处地膜要扎紧粘牢，以防止雨水沿树干渗入树盘内。

3. 覆膜后的注意事项

雨天应定期检查覆盖地膜的完好情况。若地膜出现破损，应在破损处盖上一片新地膜并用胶带纸粘牢。若地膜被风掀开，应用胶带纸重新粘接好。采果后，应及时灌水（晴朗天气）并施稀薄人粪尿或N、P、K复合肥，以恢复树势，促进花芽分化，为第二年橘园继续丰产打好基础。

三、橘园覆盖反光地膜栽培技术

橘园覆盖反光地膜以提高果实糖度，是近年来兴起的技术，技术人员在宫川等早熟温州蜜柑和椪柑上进行了试验，取得了较好的成效。

（一）橘园园地覆盖反光膜的作用

橘园园地覆盖反光膜是现代柑橘生产提高品质的一个重要措施。秋季覆盖反光膜，既可保温控水，又可增加反射光照，增加光合强度，提高果实糖度1.0～1.5°，促进果实着色，最终达到提高品质和产量的目的。橘园覆盖反光膜除了提高果实品质外，还有防除杂草、防止果实日灼的作用。

橘园园地覆盖反光膜能提高果实糖度，降低酸度，果实色泽提高。

（二）橘园覆盖反光地膜的操作

1. 覆膜前的准备工作

（1）修剪。为了使反光膜覆盖取得应用的效果，要求树冠通风透光。若树冠郁闭，应在覆膜前进行修剪：先去除树冠内膛的直立大枝，再疏除枯死枝、过密枝、病虫枝，对上一年的结果枝组应短截至基部（留2～3厘米长），让其内膛也有光线照进来，开拓阳光通道。

（2）选购反光膜。一种是透湿性反光膜（微孔银白色膜孔径0.05毫米），覆盖后土壤水分可透过膜蒸发，但雨水不能透过膜进入土壤，有透湿、透气性；这种膜从美国、日本进口，但价格较贵，每亩膜成本8 000～9 000元，能用3～5年。一种是国产银黑双色反光膜，除了有反光性能外，还能阻断雨水进入土壤，但土壤水分不能透过膜蒸发，每亩膜成本1 500～1 800元，能用1年。

2. 园地整理

（1）将橘园1行或2行整成1畦，畦沟深30～40厘米以利排水。

（2）清除园地上的石块、杂草、枯枝，将大土块敲碎进行平整。

3. 安装滴灌带

原则上每畦安装2行滴灌带，每行滴灌带每棵树离基部附近20厘米处相对方向保证各有1个滴孔。

4. 覆膜

（1）覆膜时间。没有滴灌设施的果园可在果实品质形成中后期进行覆膜，早熟温州蜜柑是在9月下旬，椪柑在10月中旬；安装滴灌设施的橘园在生理落果期结束即开始覆膜，早熟温州蜜柑在6月底至7月上旬，椪柑在7月上中旬。没有滴灌设施的橘园在降大雨后7～8天覆膜为宜。

（2）覆膜操作。将反光膜纵向铺开，遇树干则将膜剪开把树干包住，用小块膜将剪开膜的接口处粘合并用胶带扎实，以防止雨水从接口处流入树盘内。畦沟内相邻两畦的覆膜应叠接。膜铺好后将石块或小砂袋置于膜上，防止风掀开膜。

5. 灌溉

（1）需要灌溉的指标。当树上的叶片出现微微卷曲，而翌日清晨能恢复时说明可以灌水了。

（2）灌水量。每次开滴灌3～4小时，灌水量为10千克/平方米。注意灌水过量会引起裂果，也降低增糖效果。采收前15天开始停止灌溉。

6. 收膜贮存

果实采收后将透湿性反光膜收起，卷成筒投入水塘、湖泊中保存延缓薄膜老化，来年再用。

第四节　柑橘果实套袋完熟栽培技术

柑橘果实套袋完熟栽培技术，是将果实套上纸袋挂树达到充分成熟以后采收，以提高果实品质的栽培方式。柑橘果实经套袋后，含糖量增加，含酸量减少，风味明显变佳，且果面光洁，着色均匀，商品性增强，能取得较好的经济效益。

一、适宜套袋完熟栽培的柑橘种类品种

早熟温州蜜柑、脐橙、胡柚、雪柑、不知火、红美人、天草、春见等柑橘品种适合套袋，其中，宫川温州蜜柑、天草橘橙、春见杂柑等品种套袋效果最好，而椪柑等不适合套袋完熟栽培。

二、柑橘套袋完熟栽培技术

（一）园地及橘树选择

1月最低气温在 −5℃以下的地方不宜进行套袋栽培。应避免排水不畅、冷空气易沉积的洼地橘园，选择光照好的坡地橘园。初结果树和衰弱树不宜采用此方法，选择结果稳定后的成年健壮树为佳。

（二）套袋果实选择

一是每株套袋的果数不超过当年挂果量的30％。

二是选择果型小、着色不良、在树冠内膛的果面光滑果实可留下套袋，其余不适宜套袋的果实在正常时期采摘。在衢州宫川早熟温州蜜柑在10月中下旬采收，天草在11月中下旬采收。大果套袋后糖度不如小果明显提高，且易出现浮皮现象，而内膛小果正常采收时味酸果面为青中带黄，经套袋后果实糖度提高和酸度下降都很明显，一般不浮皮。

（三）果实套袋前喷药防治病虫

在不套袋果实采收后，立即喷一次杀螨剂和杀菌剂，药液干后即套袋。也可在正常采收前的半个月内套袋，但不能喷施杀螨剂和杀菌剂，以保证果品有安全间隔期。

（四）套袋后的树体管理

首先要做好橘园的排水工作，尽量保持土壤干燥。套袋后若出现树势变弱，应及时喷施0.3％的尿素 +0.2％的磷酸二氢钾液肥，或浇施稀薄的有机肥液，补充树体的养分消耗，保证果实的糖分积累，又促进枝梢的花芽分化，减轻大小年结果幅度。但要注意施肥中切忌氮素过多，以免影响套袋果实的品质。在有严重霜冻、大雪等来临前及时采摘套袋果。

三、套袋效果与销售

（一）套袋效果

宫川品种在元旦节前（12月底）至1月下旬采收，含糖量可提高1.5°～2°，含酸量降至0.9％以下，风味香甜，口感好，果皮呈橘红色（果皮在10月时青中带黄）。天草品种在1月下旬至春节前采收，总糖含量可达11％～13％，含酸量降至0.80％～0.95％，味甜爽口，汁多化渣，香气浓郁，果皮橙红色（果皮在11月时为橙黄色），非常漂亮。果实套袋挂树越冬还能避免霜冻、及吸果夜蛾和鸟类的危害。在出现严重低温冰冻年份，应在冰冻来临前及时采收。

（二）果实销售

果实连袋一起摘下，轻拿轻放。果实处理有两种方式：一是打开袋检查，去除烂果后再将纸袋合上，果实连袋装箱；二是取掉纸袋，按大小分级装箱，一箱中仅留几个连袋果作样品。套袋后完熟的柑橘果实，适宜作礼品果在超市销售。

四、套袋完熟栽培技术效益及适用地区

宫川温州蜜柑每亩套袋7 000～10 000个果，每工可以套袋1 000只，需工7～10个，成本为140～200元；纸袋每个按0.08元计算，成本560～800元；果实检查装箱成本每亩约170元；与对照相比，果实套袋每亩总成本增加870～1 170元。每亩套袋果重700～1 000千克，按每千克售价增加2元计算，每亩净增利润530～830元。经济效益非常显著。脐橙和胡柚等大果型套袋，成本可节省50％以上，效益更好。

柑橘果实套袋完熟栽培技术操作简单，易于掌握，适合在劳动力资源丰富的柑橘产区推广，是提高柑橘品质和效益的实用技术，是橘农增收的有效途径。

第五节　温州蜜柑高糖栽培技术

温州蜜柑又称无核蜜橘，因皮薄易剥、甜酸适口、食用方便及具有抗癌活

性成分——玉米黄质素而受到广大消费者的喜爱，但生产中存在栽植过密、疏于整枝、滥施化肥等粗放管理，导致果实淡而无味品质变劣的现象，不能发挥品种本身的优势，市场竞争力下降。高糖是温州蜜柑品质的核心，技术人员近几年来进行了温州蜜柑高糖栽培试验实践，总结出温州蜜柑高糖栽培技术。

一、温州蜜柑果实中糖积累的生理基础

叶片光合产物的输入是果实糖分积累的基础。叶片以其气孔吸收的二氧化碳和从根部运来的水为原料，通过光合作用的途径，最终合成淀粉。光合作用在气温30～33℃时最强，而净光合产物在气温27～28℃时最多。为了生产高糖度的蜜柑果实，要求树上着生的叶多而健壮，叶片受光条件好，有较强的光合效率。

叶中生成的淀粉先分解成蔗糖，蔗糖经过韧皮部的筛管向树的其他部位运输，但蔗糖向各部位的运输分配并非均匀一致，在果实、粗枝、根、主干等处集积多，再转化成淀粉贮存起来。因为蔗糖在运输过程中是与磷酸结合的，果实中的磷酸比其他器官中的要多，所以，如果缺磷，糖的移动性差，就难以生产高糖果实。但是树体内的含糖量低，即使施用大量的磷肥，也不能生产高糖果。且磷过量，易导致缺铜症。

调控糖向果实中积聚的物质是生长素。种子中的胚受精后开始细胞分裂时大量合成生长素，另外生长点含有较高的生长素，种子生长发育时叶中合成的生长素向种子中积累，促进胚的分化、生长和果实的膨大，使得糖向果实中运输积聚。温州蜜柑果实没有种子但生长素含量高。另据研究表明，果实品质形成期，土壤干燥时树体处于轻度的水分胁迫，果实中的含糖量高。原理是土壤干燥使根的生长受抑制，叶片合成的糖向根的输送减少，而向地上部更近的贮存场所——果实中移动的糖份增多。

二、生产高糖温州蜜柑的条件及树体情况

经观察比较分析，技术人员总结了生产高糖温州蜜柑的环境条件及树体形态等基本情况（表3）。

表3　生产高糖蜜柑的立地土壤气象条件及树体形态特征

	高糖果	低糖果
立地	南向或东南向的坡地橘园，光照充足	北坡橘园，水田改种橘园
土壤	土层浅（40～60厘米），土壤干燥，肥力程度中等，施有机肥	土层深，土壤湿，肥沃，不施或少施有机肥
当年气象	高温少雨，晴天多；入秋早，秋冷迟	冷夏多雨，日照时间短；入秋迟，秋冷早
树体情况	盛年树，树势中等，产量适中，隔年结果现象不明显	初结果树，树势过强或过弱，产量过少或过多
树体形态	叶多、落叶迟、落叶少；果实品质形成期叶色淡；细根多而密；结果母枝为春梢；果实下垂，果梗细；树冠外围果	叶少、落叶早、落叶迟；果实品质形成期叶色浓；细根少而长；结果母枝为夏秋梢；朝天果，果梗粗；树冠内膛果

三、温州蜜柑高糖栽培方法

（一）筑墩栽培

可使根系域常处于干燥状态以提高果实糖度的措施。苗定植前筑圆锥形或圆柱形土墩，平地橘园先要挖沟作畦后，再筑墩。要求墩高45～50厘米，下垫防根下渗的塑料薄板。在秋季雨水异常多的年份，筑墩栽培虽然有良好的排水作用，但达不到增糖之目的。

（二）地膜覆盖栽培

9月上旬在天晴3～5天后覆盖地膜，阻止雨水进入园土中，因此覆盖地膜时要求膜与膜之间以及膜与树干之间用胶带纸封紧密，用土块或石头压实。地势平坦的橘园水分易渗入土中，故应在覆膜前挖沟作畦，下雨后雨水能及时顺畦沟排出园外。

以上两种方法原理其实是一样的，即都是通过控制土壤的含水量，使根系因水分胁迫而生长受阻从而提高果实中糖分积累的方法。采用这类方法的基础是土壤经过改良，疏松透气，又有较强的保水保肥能力，则橘树毛细根多而密，能经得起土壤干燥的环境。其成功的关键是掌握控水的程度。若控水不足，土壤中含水量过多，起不到增加果实中糖分的目的；过于干燥，造成树势过衰甚至死亡，事与愿违。其干燥程度以叶片略有卷曲但第二天早晨能恢复平展为适当，若不能恢复且有落叶，说明已过于干燥，应及时适量灌溉，可选择早晨或傍晚气温低时叶面喷水雾（叶色偏黄有缺肥症状可喷0.3％的尿素＋0.2％的磷酸二氢钾液），缓解树体水分胁迫程度，以恢复树势。

（三）枝别轮换结果

温州蜜柑生产上容易出现大小年结果现象，小年时结果少、粗皮大果多、品质差，大年时结果过多后容易使树体在冬季受冻。所以为提高温州蜜柑生产效益，需避免或减少大小年结果幅度，提高优质果的生产比率。而枝别轮换结果有减少大小年结果幅度、提高果实品质的效果。

枝别轮换结果技术是采用枝别疏果法，即将全树枝条区分为两类，其中，生长中庸和细弱的枝条让其全部结果，全部结果枝条于8月10日进行一次加工性疏果，仅疏去畸形果、病虫果、粗皮果、朝天果和粗果梗果（果梗＞4毫米）。而对生长较旺的枝条上的果实，于6月上旬前全部疏除。

温州蜜柑枝别结果栽培技术操作简单，其调控产量提高品质的效果明显，由于挂果量适中，保障每年有稳定的产量，生产的果实大小均匀、肉嫩化渣、甜酸适中、风味改善较大，优质果率显著提高，是值得推广应用的生产实用新技术。

（四）套袋完熟栽培

是将果实套上纸袋挂树越冬，达到充分成熟时再采收的技术。品种以宫川温州蜜柑为宜，套袋对象为着生在内膛的55毫米以下的小果，这类果实在正常采收期（10月上中旬）果面青含酸量高，套袋后不易浮皮且果面转为橘红色、含糖量提高明显。每株的套袋果数应控制在挂果量的30％以下。采收期在12月底至1月下旬。

四、温州蜜柑高糖栽培技术管理要点

（一）选择适宜的品种

在冬季无冻害（最低气温在－5℃以上）年积温高的地区选用青岛、大津四号等高糖系品种，其他地区选用宫川、兴津、龟井等早熟温州蜜柑品种。

（二）橘树树冠内外受光良好

要求栽植密度合适，山地橘园为每亩栽55～73株，平地橘园每亩栽

41～55株。栽植过密，则相邻的树枝条容易交叉，引起树冠郁闭。合理整形修剪，留3～4个主枝，副主枝与水平线呈15°～20°夹角，使树冠下大上小，树高维持在2～2.5米，采用大枝修剪的方法疏去或短截扰乱树形的大枝，造就通风透光的树形。

（三）改土与土肥水管理

进行高糖栽培前应深翻改土，使土质结构良好。高糖栽培区施肥必须控氮增磷多钾，以菜籽饼、堆肥、栏肥等有机肥为主体，促发大量的毛细根。应叶片多而健壮。

（四）控制极端环境和技术操作

防止极端干燥、少肥、过量施肥、过量修剪。尤其不能施用太多的尿素、碳铵等氮肥和猪栏肥等含氮较多的肥料，否则高糖栽培技术将达不到应有的效果。

五、高糖温州蜜柑果实的挑选方法

如何挑选糖度高风味好的温州蜜柑呢？主要是察形、观色、闻香和触摸。高腰的果其味酸；果实横径大于65毫米超大果、果梗粗及皮厚而粗糙的果，淡而无味，且果汁少；软乎乎的果其风味不正。另外，普通栽培的过小果其风味酸。糖度高风味好的温州蜜柑其外观特征为：果形扁平、果梗细、皮薄、果面光滑、皮上的油胞小而密、果皮着色均匀为橙黄色或橘红色、大小中等、弹性好、有蜜橘特有的香气，入口柔软化渣、味甜多汁、芳香可口。

第六节　柑橘小青果生产技术

柑橘小青果是指酸橙、胡柚等生理落果期和膨大前期及中期的未成熟果实，因富含内黄酮、柠檬苦素和果胶等物质，作为中药加工厂提制果胶和药厂提制黄酮素、柠檬苦素等的原料。由于柑橘小青果生产加工在橘农家门口进行，每天人均收入从100多元至300元，且有助于提高留下来的果实的等级品质，成为橘区农民欢迎的一大技术。

一、人工疏果

（一）均匀疏果法

当在生理落果结束后，疏去病虫果、机械伤果、畸形果、粗皮果等，疏下的果实即为小青果。疏除的果实量占果实总量的15％～20％。分2个时期进行疏果：为了使疏果既达到生产小青果的目的，又使留下的果实培育优秀的鲜食品质，着重做好第一次疏果，在7月上旬疏去病虫果、机械伤果、畸形果和后期花所结的小果。第二次疏果在8月底前进行，主要起到补充疏果的作用，按留果标准继续疏去病虫果、机械伤果、畸形果外，还要疏除小果、大果和粗皮果，使留树果实大小一致、果形端正、外观清洁漂亮。

均匀疏果法应注意以下事项：第一次疏果宜早不宜迟，即在生理结束后尽早疏果，促进留下果实迅速膨大。疏除的果实量一般占果实总量的15％～20％，但要根据树势调整疏果量：大年树应多疏，小年树宜少疏；壮年树、强势树、肥培条件好的橘园疏果宜轻，要多留果；反之，老年树、弱势树、肥培条件差的橘园疏果宜重，要少留果。

（二）全株疏果法

是指在生理落果后将树上的果实全部一次性摘除的方法。全株疏果法的时间以7月上中旬至8月中旬为宜，这样疏下的小青果既有较高的产量又有较好的品质。全株疏果法应选择连续晴天的天气疏果，以便于小青果的晒制。

通过全株疏果法的柑橘园其树势强，翌年开花结果好，实施均匀疏果法生产成熟鲜果第二年可增产30％以上，且优势果率提高20％以上。实施全株疏果法的柑橘园在第二年生产成熟鲜果。

二、生理落果

生理落果也是柑橘小青果的一大来源。试验证明，生理落果比同期的人工疏果黄酮类化合物含量和抗氧化活性更高。橘区老人可在家门口通过捡拾生理落果增收，又能清洁柚园，避免病果留在园内造成病源基数增多的现象。生理落果宜在从树上掉落的3天内捡拾为宜。

第七节　柑橘高接换种技术

柑橘高接换种技术是指对品种不能适应当地生态条件或缺乏市场竞争力、劣质低产及密植封行等原因的柑橘园，在树冠的主干、主枝或分枝上进行较高部位的嫁接，以更换新品种的方法。

一、柑橘高接换种的作用及特点

柑橘高接换种具有保持嫁接品种的优良品质、提前结果等优点，达到一年长枝、二年恢复树冠、三年少量结果、四年丰产的目标。高接换种是好快多省发展柑橘新品种、调整不合理的品种结构、提高新品种的产量及市场竞争力的好技术，近年来成为各地发展柑橘良种的重要途径和主要方法，取得显著的经济社会效益。

二、柑橘高接换种技术

（一）适用范围

一是品种退化、品质差、不适应市场需求变化，需要更换的品种。

二是品种混杂，不利于统一生产经营管理的橘园。

三是引进更优质高产、更适应当地土壤气候条件的新品种或更具特色的优质新品种的试验示范。

四是需要更新复壮以提高产量品质的老龄橘园。

五是树势衰弱、树龄不大、有希望通过高接换种恢复树势、提高产量品质的橘园。

（二）高接前的准备工作

1. 根据基砧的种类采取对策

基砧是红橘或酸橘的橘园，若高接带有裂皮病或碎叶病的品种接穗，其高接树的丰产性、品质和寿命不会受到影响；如果基砧是枳或枳的杂种，例如枳橙、枳柚等，不论中间砧是什么品种，若高接带有裂皮病和碎叶病的品种接穗，其高接树都会早衰甚至死亡。不论是什么基砧或中间砧，都不能用带有柑橘黄龙病和强毒系衰退病的品种接穗进行高接换种。

2. 选择中间砧品种橘园

对于要发展具体的柑橘新品种，要根据砧穗组合的亲和性及产量品质表现来选择中间砧品种橘园。若中间砧是温州蜜柑类，则适宜高接的品种范围广，柑类、橘类、橙类和杂柑类及大部分柚类品种都能适应，且高接后的丰产性能和果实品质均佳。若中间砧是橙类、橘类和柚类，则橙类一般不宜换接橘类，但橘类可以换接橙类，而柚类仍换柚类为好。有些品种组合需经试验后进行确定。

3. 进行更新改造以恢复树势

对于树势衰弱橘园或树势不强的老龄橘园，需要更新改造以恢复树势。具体做法是，在高接换种前一年秋季结合深翻重施有机肥，以促发大量须根，提高来年高接换种橘树的根系活力。即在行间或株间深翻（深度50～60厘米，宽度80～100厘米），按每公顷压入100～150吨秸秆、杂草、菌渣、堆肥、厩肥、腐熟栏肥等。

4. 准备无病毒优质接穗

从日本和我国台湾地区等地引进的春见、天草、南香、不知火、山下红、日南1号、纽荷尔脐橙、清家脐橙和台湾椪柑等柑橘品种，大多带有一种或多种病毒。在疫区引进的柑橘接穗带有黄龙病病源，若用未脱毒的品种接穗进行高接换种，容易感染碎叶病、衰退病等病毒病和黄龙病，而且存在着高接换种用的接穗所传带的病害在该产区扩散的风险。

常选择树冠外围中上部生长充实健壮、芽眼饱满、梢面平整无沟、光洁、粗细适中、叶片浓绿、光泽度好、无病虫害的枝梢为接穗。接穗以随采随接最好。采接穗以晴天或阴天为佳，晴天上午露水干后采集，雨天则在晴后2～3小时后采集。接穗采后应去除叶片，芽接保留叶柄，腹接去除叶柄。采好的接穗条每50～60枝为1束，用湿布包好，标记好品名和采集日期，在运输和保存时温度控制在4～7℃内为宜，充分保湿，但不能有余水存在，既要通气，又不能受晒发热。

（三）高接换种操作

1. 高接部位的确定

根据树体大小，树龄长短，选择3～6级枝上进行高接，一般不在主干，主枝上高接；树体越小、树龄越短，越要在低级枝上进行高接；相反，树体越大、树龄越长，越要在高级枝上进行高接。位置太高，在小分枝上接，虽然投产快，但高接成本大，易形成空壳型树冠，不能立体结果，易早衰，寿命短。直接在主干上接，简单快速，但形成树冠慢，三年以后才能投产。

2. 接头的确定

一般情况下每株柑橘树高接10个头以上，最多不超过30个头。分2～3层接，以利树冠上下、内外均有枝条，树冠恢复快，能实现立体挂果。

3. 嫁接时间的确定

一般来说在整个生产季节都可以嫁接，但以秋季9～10月嫁接为最佳时期，此时嫁接成活率高，接芽抽生整齐健壮，有利于树势和产量的恢复；如果有接头没有成活，第二年春季可以补接。

4. 嫁接方法的确定

在秋季采取单芽或双芽腹接法，以确保高接芽抽生健壮；春季补接则采取切接方法进行。

单芽或双芽腹接法是将接芽均匀地嫁接在树冠内膛和外围直径2～2.5厘米的侧枝上。主要嫁接步骤如下。

削接穗：选取单芽指长1～1.5厘米的枝段上带有一个芽的接穗；或双芽枝长2～3厘米。削接穗时，将枝条宽而平整的一面紧贴左手食指，在其反面离枝条芽眼下方1～1.2厘米处以45°角削断接穗，此断面称为“短削面”，然后翻转枝条，从芽眼上方下刀，刀刃紧贴接穗，由浅至深往下削，削下皮层露出黄白色的形成层，此削面称为“长削面”，长削面要求平、直、光滑且深至形成层；再在芽眼上方0.2厘米左右处以30°角削断接穗。

切砧木：紧贴砧木枝条向下纵切一刀，深至形成层，长约1.5厘米，将削下的切口皮层切掉1/3～1/2，砧木切口要求平直、光滑而不伤木质。

插接穗和包扎：将削好的接芽插入切口，对准形成层，再用塑料薄膜条紧密缚扎。秋季腹接应将接穗全包扎在薄膜内，不使透气漏水。

春季切接法：选择树冠侧枝或较强分枝，在分杈口上方10～20厘米较直、平滑部份锯断，削平锯口，按一般切接法切削接口，削接穗（短枝2～3芽即可），插入接穗，注意砧穗形成层相互对准，用软质包装带捆紧结合部，要求结合紧密无空隙。

另用薄膜袋使袋口朝下倒扣，套住整个砧穗结合部，在砧桩上用软质包装带捆紧袋口，密封保湿，促进接穗成活。

注意：一是在中间砧上削接口切接，接口应选择在砧桩的内侧或左右两侧。不选外侧，否则挂果多后易出现劈裂。二是接树树龄三年以上，不要一次性全部锯除中间砧的枝条，而选留1～2枝弱枝或下部枝条作辅养枝，有利于高接树吸收营养，促进高接树根系和新梢的生长发育。

（四）高接换种后的管理

1. 秋季腹接以后树体的管理

嫁接后20～25天检查成活率，如芽包呈绿色或接芽的嫁接口已愈合、叶柄一触即落则表明已接活。如接穗枯萎变色，表明嫁接失败，应及时补接1次，以保证树冠的完整。

解膜。秋季嫁接当年能萌发的，接芽成活后，应立即解除薄膜。晚秋高接换种的当年不能发芽，要在次年温度稳定通过10℃以上开始发芽前解膜。解膜在傍晚和阴天进行，避免新芽水分散失或受强光暴晒，要轻轻地在接芽反面用刀片划断嫁接薄膜，不可伤砧木和表皮。

去砧。早秋嫁接的，梢长出7～8叶时在接口上方10～15厘米处第一次剪砧，留短桩便于接穗抽发后扶直；当接穗木质化时，从接口处进行第二次剪砧，剪口微向接芽对面倾斜；晚秋嫁接的，于次年发芽前进行第一次剪砧。去砧后在砧木面上需涂蜡以减少水分散失，还可用600倍液托布津进行涂布处理。

除萌。只要见到砧木上抽发的萌芽，就要及时抹去，一般进行3～4次，保证新芽正常生长。

立柱及定秆整形。成活后的新梢生长快，接合处不牢固，易被大风吹折，应在砧木旁立支柱扶持新抽发的嫁接枝。当接芽抽发时，往往抽出2～3个新梢，只能选留1个粗壮的枝梢为主干，当枝长到20～30厘米时摘心，促发侧枝，选留2～3条健壮且分布均匀的侧枝作为第一级分枝，余下的枝梢及早疏除。

施肥。发梢前1～2周（去砧后）施1次肥，以速效氮、磷、钾为主，配合腐熟的人畜粪施用。每株用50千克的复合肥150～200克兑人畜粪10千克施用。

病虫防治同其他幼树果园，春季主要防治蓟马、蚜虫和炭疽病、疮痂病等。夏季重点防治炭疽病、蚜虫、红蜘蛛、潜叶蛾等危害。

在春芽萌发前进行清园和修剪。首先对树体进行修剪，剪除枯枝、过密枝、病虫枝、果蒂、下垂枝，将修剪的枯枝病叶和杂草清运到园外集中堆制作有机肥。对大的修剪剪口用400～600倍多菌灵涂刷。园内杂物清理完毕后，再用40～50倍的松碱合剂或晶体石硫合剂200～250倍液喷雾清园。

2. 春季切接以后树体的管理

接后10～15天检查成活情况，如发现接穗变黄、枯死，需及时补接。

嫁接后一周内，地面可进行覆盖，但一般不灌水。

嫁接后在阳光直射强烈的地区或年份，配制石灰浆涂刷树干、树枝，防止主干、主枝及大枝出现日灼裂皮。或在5月中下旬用稻草将树干、主枝裸露部分包扎遮盖，也可达到防止枝干出现日灼裂皮现象的目的。

每7～10天抹除一次中间砧和辅养枝上的萌蘖和新芽。

接穗萌发3～5厘米时剪破薄膜袋以露芽，新梢长12～15厘米时适度摘心、整形。二次梢萌发后同样进行摘心整形。为防风吹折断，绑缚固定新梢。

病虫防治同其他幼树果园，春季主要防治蓟马、蚜虫和炭疽病、疮痂病等。夏季重点防治炭疽病、蚜虫、红蜘蛛、潜叶蛾等危害。

二次梢萌发后，勤施、薄施肥水，促进新梢老熟和树冠尽快扩大。

3. 树冠的管理

柑橘高接换种应培养自然开心形的树冠。为此，一要去除树冠中上部直立的强旺枝梢。二要形成较多的结果枝和营养枝比例合适的枝组，对于过密枝、重叠枝要及时疏除。三是培养2～4个主枝、6～12个副主枝的通风透光的树冠，枝条多时形成2层。

（五）高接换种的注意事项

1. 温州蜜柑作为中间砧适应性广

温州蜜柑作中间砧与大多数柑橘品种的嫁接亲和力强，且对高接品种品质无不良影响，所以温州蜜柑其高接换种适应的品种范围广，也适于作引种时进行高接鉴定的中间砧。

2. 选用隔行（株）高接换种方法改造郁闭橘园

采用隔行（株）高接换种方法在高接的前两年里，其原先留下的一半橘树因透光条件大为改善，果实产量将大幅增加、品质明显提高；原品种的高大树冠还能为高接品种的嫩芽嫩梢遮挡烈日和狂风，提高高接品种的接枝成活率，加速其树冠形成。这种高接换种方法容易为橘农所接受和欢迎。

3. 高接后切勿中耕和施浓肥

高接后橘树中下部的细根枯死很多，而新根主要分布在表土层，此时进行中耕和深翻都会破坏土壤表层的新根，导致新根太少活力不够，树体吸收的营养太少使树势难以恢复。所以高接后第一二年，不应进行中耕，更不能深翻。为使地表层根系萌发和恢复，施肥应把握勤施、薄施的原则，忌施浓肥以免伤根。

4. 高接后不宜过早剪除辅养枝

许多农户往往在第一次抹芽时就剪除了辅养枝。此时由于新芽发育不全，光合能力较弱，无法提供充足养分供植株生长，导致树势恢复过慢，建议在萌发二次梢后再剪除辅养枝。

5. 防止缺素症发生

高接树比非高接树更容易发生缺素症，在红黄壤土尤其硼、锰、锌、铁的缺乏更为普遍. 因此高接树在新梢生长期进行叶面追施微肥，有利于高接树的枝叶果健康生长发育，促进树冠形成和产量品质的提高。

第八节　柑橘节能型设施栽培技术

衢州市柑橘果实成熟期温差大，对果实品质形成有利，促进果实着色，但秋季成熟期降温快，果实在立冬后开始采摘，相对于福建、广东等产区采收早，不利于果实的糖分积累，而且冬季有冻害，影响柑橘生产的稳定发展。近年来建设连栋大棚种植柑橘，通过加温进行促生栽培或完熟栽培，但由于加温成本过高难以在生产上规模化推广应用。技术人员进行了节能型柑橘设施栽培试验，创造了“双膜覆盖 + 地面垫砻糠”为标志的节能型柑橘设施栽培技术。

一、“双膜覆盖 + 地面垫砻糠”柑橘设施栽培方法

外用三连栋钢架大棚或五连栋钢架大棚设施（肩高2.2 ~3 米、顶高

3.5～5 米、宽8 米），内层用普通钢架大棚（肩高1.8～2.5米 、顶高2.3～3米、宽6.5 米）或毛竹棚（棚高2.0～2.3 米、宽6 米）。也可以外用普通钢架大棚（肩高1.8～2.5米 、顶高2.3～3 米、宽6.5 米），内层用毛竹棚（棚高2.0米、宽6 米）。在冬季和初春通过覆盖塑料薄膜提高温度和保持气温。橘园地面垫12～15厘米厚的砻糠。园土要求肥沃疏松透气，当地红黄壤橘园作设施栽培前，要对园土进行改良，每亩施5～10吨腐熟栏肥、堆肥、沼渣、食用菌菌渣、塘泥等进行改土。在园内铺设滴灌等设施。用于提早成熟栽培的品种为日南一号、大分早生、崎久堡等特早熟温州蜜柑。进行越冬完熟栽培的品种用宫川温州蜜柑、常山胡柚、不知火橘橙、天草橘橙。

二、"双膜覆盖＋地面垫砻糠" 柑橘设施栽培管理要点

（一）温度控制

重点是冬季和初春大棚进行增温保温，遇低温降雪天气时，要检查棚膜是否密闭，棚门是否关紧。当白天大棚温度达到30℃以上时，要进行揭膜以降低棚温；外界气温10～25℃时不揭膜，仅在温度较高的中午通风半小时，在最高气温10℃以下时不揭膜不开门。遇晴霜天气时早晚温差大，凌晨气温低，而白天由于光照强棚内温度升高快，应于夜晚和凌晨棚门和棚膜要紧闭，而白天要根据温度上升情况及时开棚门和揭膜进行降温，防止温差过大造成冻害和生理性病害。花期遇异常高温，要进行喷雾降温。当春末白天气温稳定在25℃以上时，大棚膜即可全部撤除仅留顶部薄膜用来避雨。夏秋季晴天当气温超过35℃时，要及时覆盖遮阳网和加强通风以降低棚温，防止日灼果发生。

（二）肥水管理

采用滴灌方法灌水，尤其是冬季和初春需避免大水浇灌，以防地温剧烈波动影响根系及树体抗寒性。果实膨大期灌水要勤，保证水分供应。果实成熟前1个月开始控制灌水，保持土壤较干旱，促进糖分在果实中的积累。用砻糠全年覆盖，起到冬季增温保温、夏秋季保湿抗旱的作用。大棚内成年树应施足基肥，基肥以有机肥为主，株施腐熟饼肥1.5～2.5千克 或腐熟栏肥10～15 千克。在每次新梢抽发前各施肥一次，肥料以氮磷钾复合肥、尿素、

磷酸二氢钾等速效肥为主，株施0.5～0.75千克。从果实成熟期前2个月，控制施肥尤其是氮肥，以促进果实增糖降酸。若有缺素症状发生，可结合喷药进行微量元素肥的叶面喷施。大棚内温湿度适宜，肥料不易流失，要防止放肥过量而导致枝梢旺长。

（三）整形修剪

柑橘设施栽培的整形修剪原则是培养矮化紧凑的树冠，通过修剪调控枝梢和结果量，初结果树要防止徒长。设施栽培应适当密植，定植密度为1.5米×2米，或2米×2米。在橘树长大枝条交叉、树冠开始出现郁闭现象时，应及时间伐，最终株行距为3米×4米，或2米×4米。在幼树主干高20～30厘米处进行短截定干，选留3个主枝，通过抹芽摘心方法，培养1干3主枝8～9副主枝的开张树冠，即留下的芽萌发生长至6～8片叶时摘心，不留的芽及时抹除。初结果树，主枝先端进行短截回缩，生长直立的副主枝、大枝过密的要疏除，其位置适当的要进行拉枝，促进开花结果。成年结果树重点在萌芽前进行修剪，枝条要疏密枝留疏枝，疏除过密枝，对上年的部分结果枝进行短截回缩。前一生产季是大年的树修剪要轻，反之修剪要重。生长期修剪尽量保留斜生或水平生长的有叶结果枝，无叶结果枝太多时要疏除其中一部分。

（四）花果管理

在大棚柑橘开花坐果期，要注意天气变化，当天气晴朗有大太阳时，要注意掀开塑料膜通风换气，保持棚温在25℃左右，防止棚温过高，造成异常落花落果。另外，要在开花坐果期晴热天进行喷雾，既降低棚内温度又增加棚内湿度，可以显著提高坐果率。当稳果后要及时疏去畸形果、病虫果和机械伤果，然后根据叶果比，疏去过多果实。叶果比在日南1号特早熟温州蜜柑为（15～20）∶1，不知火为（70～80）∶1，天草为（50～60）∶1。日南1号采用局部疏果法，即部分枝条结的果实全部疏去，而其余的枝条结的果实全部保留，这样做球状结果多品质好，不会出现大小年结果现象。而不知火和天草品种宜采用全树疏果法，即疏果在整个树冠内进行，使果实在树冠内分布基本均匀，除了疏去畸形果、病虫果和机械伤果，还要疏去过小果。

（五）病虫害防治

设施栽培柑橘和露地栽培柑橘相比较，由于立地环境条件发生了改变，病虫害发生情况有改变，设施地的高温高湿环境，有利于树脂病、灰霉病和炭疽病的发生；由于气温适宜，柑橘红蜘蛛、粉虱等害虫越冬基数大，盛发期提前。而物候期提前、抽梢次数增多，也有利于蚜虫发生。设施栽培地的病虫害防治在药剂选择上与露地栽培的基本相同，不过设施栽培地还可应用大棚密闭药剂熏蒸法进行防治。如橘粉虱在衢州近年来爆发成灾，露地栽培防治较难，主要是该虫为杂食性迁飞性害虫，设施栽培地为防治粉虱除采用吡虫啉 + 绿颖喷雾防治外，还可用敌敌畏拌木屑烟雾熏蒸法，防治效果好。

三、"双膜覆盖 + 地面垫砻糠" 柑橘设施栽培效果

（一）提高土温气温效果

"双膜覆盖 + 地面垫砻糠" 设施可明显提高冬季和初春大棚内的气温和土温，2005年冬季至2006年3月露地绝对最低气温为 −4.3℃时，设施大棚内为1.2℃；全月日均气温露地栽培为1月3.8℃、2月5.1℃、3月10.1℃，而设施大棚内1月9.0℃、2月9.3℃、3月14.5℃，分别比对照提高136.8%、82.4%和43.6%。"双膜覆盖 + 地面垫砻糠" 设施能维持冬季和初春大棚内较高地温，露地1～3月的绝对最低地温为1.3℃，日平均地温在3.2～15.1℃；设施内1～3月的绝对最低地温为9.5℃，日平均地温在11.3～15.5℃。据衢州市气象台观测，衢州市区2005年1月、2月和3月的月平均气温分别为3.5℃、5.4℃和9.8℃，分别比历年平均低1.8℃、1.3℃ 和1℃（衢州市历年1月、2月和3月的月平均气温分别为5.3℃、6.7℃和10.8℃）。2005年前3个月有17天的日最低气温在0℃以下，极端最低气温为 −7℃，3月有倒春寒。衢州橘区日南1号等温州蜜柑树遭到了1～2级的冻害，而设施栽培的树生长正常，没有遭受冻害。

（二）对上市期和经济效益影响

设施栽培日南1号的物候期有了明显提前，盛花期比露地栽培提早25～30天。9月中旬正常成熟采收，比露地栽培提早15～20天，刚好在中秋节前上市，平均售价达到5.6元 / 千克，比露地栽培的提高了168%。每亩增加收入5 000余元。利用 "双膜覆盖 + 地面垫砻糠" 设施进行越冬完熟栽培，果实在元旦节至春节期间采收上市，售价高、销售火爆，经济效益更加显著。

第九节　柑橘省力化栽培技术

柑橘大多种植在丘陵山地，随着农村空心化、从业人员老龄化趋势的加剧和劳动力成本的迅速上升，省力化栽培已成为柑橘产业当务之急。引进先进实用的小型机械，推广简便化、轻型化、程序化生产管理，实行柑橘省力化栽培是解决柑橘产业劳动力紧缺、生产成本渐增等问题的必然途径，也是降低生产成本、提高市场竞争力和经济效益的需要。

一、改造橘园基础设施，改善劳动操作条件

按标准果园建设要求，建设道路、水利、电力、运输等设施，实施“公路硬化到园、水电供应到园、沟渠贯通到园、机械普及到园、综合防治到园”等“五到园”工程。改造橘园基础设施，改善劳动条件，为省力化栽培提供基础保障。一是主要道路硬化，主路贯通到园、支路进出方便、操作道便利省力；二是园内建设蓄水池，干渠、支渠和排灌水沟相连配套，安装滴灌微喷灌设施；三是电网布设到园，三线电规范接到橘园，生产生活用电方便安全；四是购置农用车、摩托运输车，山地果园安装轨道运输线；五是安装频振式杀虫灯、果蝇诱捕器等捕虫杀虫设施等；六是建设橘园监测系统，包括病虫监测设备、气象自动观测系统，提高橘园的智能信息化水平，使橘农和农技人员适时了解掌握橘园里温度、湿度等气象参数和病虫发生动态，及时采取防范措施。

二、改良橘园土壤，提高柑橘生长结果能力和抗逆性

橘园土壤条件差，水肥利用率低，劳动生产率低，所以，良好的橘园土壤是省力化栽培的物质基础。要求橘园土壤具有保水、保肥、疏松通气等优良物理性状，有机质含量达到2％以上，橘园不仅丰产优质，还节能省力降低生产成本。南方橘园大多为红黄壤，未经改良则存在“瘦、酸、黏、板结”等结构肥力特征，土壤有机质及营养元素贫乏，酸性过重，有效水含量低，结构不良、易板结。主要通过“扩穴改土、深翻改土”等方式将大量的有机

质投入到橘园土壤中，达到改良土壤理化性状的目的。"扩穴改土、深翻改土"可采用小型挖土机、旋耕机等机械进行，在将土挖起的同时将秸秆、杂草、堆肥、栏肥、食用菌渣、塘泥、烧过的煤球等翻压入土中，每亩用粗有机质物质及改良剂20～30吨。注意不经发酵的粗有机质不得直接接触根系。

三、采用省力化机械，降低劳动强度

随着省力化栽培技术受到柑橘产业和社会各界重视，有关科研单位已开发出系列的橘园用省力机械，如山地果园链式索道货运机、钢丝绳牵引货运机、单（双）轨运输机、遥控牵引式单轨果园运输机、气动式果树修剪机具、山地果园恒压喷雾系统、水肥滴灌自动控制器、打孔式动力施肥机。这些省力机械省力、轻便、适用性在逐步增强。

四、推广省力化技术，减少劳动力投入

（一）实行稀植矮化栽培

株行距为4米×4米，或3米×4米，亩栽株数不宜超过56株。选育、利用矮化品种和砧木，结合整形修剪将树高控制在2.5米以下，以方便操作管理，提高橘园作业的劳动工效，降低劳动强度。

（二）选用抗病良种和无病毒容器苗

选择抗病性强的良种；培育引进无病毒容器苗，加强检疫工作，提高成活率，促进幼树生长发育和早结丰产。

（三）大枝修剪

在幼树培育成自然开心形的基础上，成年结果树采用大枝修剪技术。要求主干高25～30厘米，留3～4个主枝，树冠开张，树高控制在2.5米以下。修剪方法为：主要以短截主枝顶端、疏除分枝角度小于45°角的直立性副主枝和过密的枝（组），使树冠通风透光，枝条发育充实，叶片增厚增大，提高其光合效率，调整枝梢生长与开花结果的关系，促进早结丰产优质。开始实施"大枝修剪"时的年枝叶修剪量，不宜超过全树枝叶的1/4为宜，锯大枝则可分年完成，锯大枝要从基部去除，不留桩。枝组保持斜生或水平状，每三年回缩更新修剪一次。

（四）实施“清耕＋生物覆盖”的土壤耕作方式

在橘园“扩穴改土、深翻改土”完成后，实行生草免耕结合生物覆盖耕作方式。在树冠覆盖率低于90％的橘园，套种大豆、豌豆、蚕豆、箭舌豌豆、黄花苜蓿、紫花苕子，或自然生草或人工种草，将这些作物或草收获后覆盖于树盘上，既节省劳力成本，又保持水土、培肥地力，改善橘园生态环境。

（五）平衡配方简化施肥

改进施肥技术和施肥方式，将全年施4～5次肥改为施1～2次肥，改锄头挖施和地面撒施为动力打孔施肥机打深孔（孔深30～40厘米）施肥。以椪柑结果树为例，施肥配比为氮：磷：钾＝10：6：8，按亩产2 500千克计，亩施氮磷钾有效成分100千克，其中，有机肥占施肥总量的40％～50％。3月上旬第一次施肥，施肥量占全年施肥量的65％；7月上旬第二次施肥，施肥量占全年施肥量的35％。打孔施肥机施肥可减少肥料的流失，提高了肥料利用率，还节省施肥劳动力及成本，又防止了面源污染。

（六）综合防治病虫害，提高防治效果

结合主要病虫害预测预报，实行物理防治、农业防治、生物防治、化学防治相结合的病虫害综合防治措施。改善橘树通风透光条件、提高橘树抗病虫能力；橘园生草、间作套种绿肥；安装频振式杀虫灯、黄色诱虫板；放养捕食螨、寄生蜂等害虫天敌。在采取以上综合措施的基础上，选择低毒低残留的高效农药防治，注重应用具有杀虫谱广而不易产生抗药性，且对天敌较安全的生物性、矿物性农药（如苦楝油乳剂、保尔丰、石硫合剂、石油乳剂、融杀蚧螨等）。以点治、挑治方式减轻施药强度，提高防治效果。同一种药剂一个生长季只用一次，严格控制农药使用的安全间隔期。

第十节　椪柑差异化生产技术

根据椪柑园地势、土壤、水分等立地生态条件，按照鲜食、贮藏的目标市场要求，采取园地选择、整形修剪、绿色防控、肥水管理、科学疏果、采摘贮藏等配套技术相结合的生产技术。

一、差异化市场果实分类

（一）鲜食椪柑

主要供应春节前的高端市场，用于礼品橘消费。销售时期：在元旦至春节前。质量要求：要求达到精品即外观光洁、大果（果径70毫米以上）、糖度高、口味好。

（二）贮藏椪柑

贮藏期3～5个月，主要供应春节后的国内外市场，其中部分用于出口。销售时期：在春节后到清明节上市。质量要求：果实高糖高酸，中果（果径60～70毫米）。

二、技术要点

（一）园地选择

鲜食椪柑宜选择排灌便利的平地橘园或衢江两岸的冲积土橘园，土壤疏松，有机质含量1.5％以上。贮藏椪柑宜选择水利设施较差的山地橘园。

（二）整形修剪

按照柑橘"三疏一改"整形修剪技术标准进行，修剪后，平地橘园亩栽株数40株以内，山地橘园亩栽株数50株以内。橘树达到独立树冠，树龄七年生以上的树高控制在3米以下，树冠覆盖率控制在80％以下，树体内膛充实，通风透光。

（三）绿色防控

根据橘园病虫害发生的实际情况，按照柑橘无公害、绿色生产要求，选用高效低毒生物、矿物农药，尤其是注重对黑点病的防治，提高果品外观质量。

（四）肥水管理

1. 施肥管理

优化施肥配套技术："重施春肥，增施钙肥，补施微肥、后期根外追肥"为原则。2月底3月上旬，亩开沟施氮、磷、钾配比为1∶0.4∶0.8的配方肥60千克（折纯），增施商品有机肥200～300千克，在增施有机肥料的同时，春季橘园撒施石灰100～200千克/亩后中耕，夏秋季结合抗旱园地铺草覆盖，提高园地土壤肥力。果实膨大期增喷高磷高钾和高钙叶面肥，提高果品内在质量。

2. 水分管理

鲜食椪柑：修建蓄水池、"三面光"灌水沟渠，有条件的地方安装微喷（滴）灌、管灌及肥水共灌设施，改善水利条件，达到旱能灌、涝能排、灌水能到树。

贮藏椪柑：果实膨大季节如遇长期干旱应及时灌溉，采果前1个月要进行控水，遇到多雨气候橘园要铺地膜，以减少水分吸收，提高果实糖度。

（五）疏果

鲜食椪柑：疏果时间一般从7月中旬定果后开始第一次疏果，第一次疏果越早越好，疏果9月中旬前结束。方法是：先疏掉病虫果、畸形果，然后根据挂果多少，再决定是否要继续疏去小果或其他影响品质的果，亩栽40株的成年椪柑园，每株树留450只果左右，也可按叶果比（80～100）:1进行疏果。

贮藏椪柑：疏果时间一般从7月中旬定果后开始，疏果进行到9月中旬前结束，主要疏除病虫果、畸形果，尽量少疏果。亩栽50株的成年椪柑园，每株树留550只果左右，也可按叶果比（60～80）:1进行疏果。

（六）果实采摘

鲜食椪柑实行完熟采摘，衢州进入11月以后，白天气温下降快，日夜温差大，非常有利于果实糖分积累和酸度的分解，但11月下旬容易出现初霜，果实会遭受冻害，所以露地椪柑宜在11月中下旬采摘。也可采取一定的设施延长挂果期，如树冠覆盖薄膜或是遮阳网防霜冻，或是建塑料大棚延长至春节前采摘。

简易树冠覆盖薄膜（或遮阳网），通过简易树冠覆盖薄膜或遮阳网，可以起到一定的防霜作用，能达到适当延迟10～15天采收。由于通过简易树冠覆盖塑膜或遮阳网增加了光照时间，同时也延长了果实降酸的时间，因而可以有效地提高果实的着色和内在品质。

柑橘大棚，柑橘钢构大棚，是实现完熟栽培、优质栽培、延后采摘等最有效的手段。大棚椪柑采摘后，糖度可达13°以上，酸度降到0.5％以下，现采现卖，口感更脆、更嫩、更甜，外观橙红色更漂亮，经济价值是露地椪柑的数倍。据实验，大棚椪柑在加强管理的基础上，延长到1月中旬采摘，不影响翌年的产量。

贮藏椪柑在果面2/3转黄前就可采收，以可溶性固形物达到11°以上为准，低于11°的果实不耐贮藏。适当早采，比正常采摘时间早10～20天，采后用“920”保鲜剂保果，预贮发汗10～15天后进行单果套塑料袋，用木箱装果后贮藏。

三、主要作用

柑橘产业要围绕开拓市场来发展。椪柑差异化生产技术要根据市场要求、果实特点进行细分，发挥不同类型果实的品质特点以满足市场需要，提高果实生产经营效益。差异化生产技术还能促进果实均衡上市，缓解市场销售压力；缓和橘区采摘期劳动力紧张的矛盾，减轻雇工困难。

第十一节　橘园节水抗旱技术

8～10月是柑橘果实迅速膨大期，此时恰逢衢州秋旱期，如缺水会严重影响果实产量和品质。

一、防旱保墒

应采用土壤改良及合理耕作方式，改善土壤结构，提高吸水力和保水力；及时松土和覆盖，减少地面蒸发；做好山地橘园水土保持工程，注意雨季蓄水。

（一）深翻扩穴

结合橘园土壤管理，深翻扩穴，改善土壤团粒结构，可增加土壤蓄水量，减少土壤水分的蒸发，提高抗旱能力。

（二）中耕

在旱季来临之前的雨后进行中耕，减少水分蒸发，清除杂草以减少杂草与橘树争夺水分。橘园中耕深度宜≥10厘米，坡地宜深，平地宜浅。

（三）地面覆盖

覆盖是丘陵山地橘园防旱的重要措施。对水源条件差的园块，旱季开始前，用杂草、秸秆等植物材料覆盖树盘，覆盖物应与根颈保持10厘米以上的距离。减少橘园地下水分的蒸腾。为防铺草橘园干旱期发生火灾，应及时在覆盖物上覆一层薄土。

二、雨季蓄水

建设水库、蓄水池等在雨季蓄水，可解决喷药用水、灌溉用水难题。橘园蓄水池有大、中、小3种类型，有效容积分别为20 立方米、10立方米和1立方米左右。大蓄水池50亩左右一个，中蓄水池25亩左右一个，小蓄水池每1～2亩一个。蓄水池可采用大、小搭配或中、小搭配方式，建在水沟旁。蓄水池需做防渗处理并在建池前沉沙凼。

对丘陵山地和水源较差园地，在旱季要对橘园梯壁内沟和园块内的畦沟两端封堵，充分利用阵雨和雷雨时的降雨蓄水，提高其橘园土壤的持水率。

三、节水灌溉方法

水源充足的橘园建设引水沟，利用排水沟和背沟进行沟灌。水源较紧的橘园可安装简易管网进行浇灌，必要时建设提水设施。小橘园可配置移动式小水泵。大型橘园尽量采用滴灌或微喷灌溉系统。抗旱浇灌时要节约用水，不宜漫灌，漫灌会因园地土壤板结渗水缓慢，使地表水流失严重，蒸发量更大，造成水分利用率低。橘园灌溉可推行沟灌、盘灌、喷灌、滴灌等方法。

（一）盘灌

沿树冠滴水线外沿以土作埂围成圆盘，疏松盘内土壤，使水流入或浇入圆盘内，使水慢慢渗透入土。

（二）喷灌

高温干旱来临前及时启动喷灌设施，可调节橘园小气候，减少高温热害对椪柑树的危害，保证植株正常生长。提倡采用低头微喷，此法较节水，可减轻对橘园造成的上壤板结和水土流失问题。

（三）滴灌

滴灌是一种先进的灌溉技术。有条件的橘园，可安装滴灌系统，通过管道供水和每株树下的1个滴水头缓慢向根区土壤供水。由于该系统设置有过滤和压力补偿装置，可保证每株树灌水量基本一致，也可实现准确的定量供水。

第十二节　橘园防冻技术

一、冻前预防

（一）关注天气变化

柑橘果实采收后每天及时收听天气预测预报，注意天气变化，关注极端灾害性天气，准备充足的防冻材料，及时做好柑橘冻害防范工作。

（二）适时灌水施肥

采收期如天气干燥，应在采收后的晴天中午气温较高时在橘园灌水，以提高树体抗冻能力。越冬前施足有机肥，增施磷、钾、镁及锌、锰、硼等微量元素，增强树势。但12月后不再土壤施肥。对没来得及施肥，或已经施过基肥但当年结果多或树势弱的树，在强寒潮来临前，应进行叶面喷施0.3％的尿素 +0.2％的磷酸二氢钾水溶液，间隔7天左右连续喷施2次，以提高树体中细胞液的浓度，减轻冻害程度。

（三）培土

12月上旬可将沟土或客土培在橘树主干基部的根颈部位，高度一般为30厘米左右，堆至主干分叉处效果更好。翌年2月天气转暖后要及时将培在主干基部的土扒开。

（四）树干涂白

在晴天用生石灰1份加水7份再加食盐一汤匙，搅拌均匀后涂刷树干和树下部的大枝。树干涂白可以减少白天和晚上的温差，起到防冻作用，同时还能杀灭涂白部位的病菌、虫卵和苔藓。

（五）覆草包草

大树可以在树冠下覆盖一层10～20厘米厚的稻草或杂草，幼树可用稻草或草苫包扎，对苗圃的橘苗可于12月下旬后在株行间覆盖一层10～20厘米厚的稻草，苗上再铺一层薄的稻草。

（六）熏烟减冻

利用柴草、木屑、谷壳、秸秆等物，每亩设置2～3熏烟堆，在寒潮来临或降霜前点火燃烧熏烟，可在橘园上空形成烟幕，抑制辐射降霜，也使橘园直接增温，有利于减轻冻害。

二、清除积雪

遇上大雪要及时摇去积雪，以免压断树枝。如果积雪在枝叶上已结冻，则不宜摇雪，更不能用竹竿打雪，以免伤及枝叶，应当在积雪解冻后，轻轻摇动树干，去除树冠积雪为妥。对于大棚设施，降雪时要密切注意棚上的积雪情况，及时清除棚上的积雪；如遇大雪天气而不能及时清除棚上积雪的情况时，应果断割破棚上的塑料薄膜，防止因积雪过厚而压塌大棚。

三、冻后护理

通过预防过速融冰和辐射霜冻，最大限度的减轻冻后损失，同时，根据柑橘树体的受害程度实施相应的恢复措施，把产量损失降到最低。

（一）减少叶片蒸腾

由于冰冻雨雪天气持续时间长，柑橘树枝和叶片较长时间处于零下温度，多数枝叶有不同程度的冻伤，如冻后突遇晴好天气，白天升温过快，细胞内和细胞间的冰晶迅速溶化，势必加重叶组织的失水，加剧冻害程度。应对树冠进行覆盖，防止树体因升温过快加剧冻害；或喷施抑蒸保墒剂“六五〇一”和“OED”等，减少叶片细胞失水，减轻冻害。

（二）预防冻后辐射霜冻

融雪时出现晴朗天气时，应在晚上熏烟，预防辐射霜冻的发生。

（三）开沟排水

融冰时橘园开沟排水，降低土壤含水量，改善通气条件，防止烂根发生。

（四）叶面喷肥

冻后树体功能虚弱，应抓住晴好天气喷叶面肥、沼液等，给树体补充营养，既补充营养、水分，又可减少蒸腾失水防落叶。

（五）摘叶保树

尽快摘除已冻枯的橘树叶片，以减少树体水分消耗。摘叶时切不可采用敲打方式，以免伤及枝梢皮层，导致枝条枯死。

（六）适度修剪

在气温回升稳定后，采取小伤摘叶、中伤剪枝、大伤锯干。对冻伤痕迹不明显的可待延至萌动时再剪枯枝；对冻伤迹明显的要及时从枝干死活分界线下2 厘米处“带青”剪去枯枝。

（七）喷药防病

受冻橘园易导致柑橘树脂病、炭疽病的爆发流行，应在橘芽萌发前喷1～2次杀菌剂，防治病害蔓延。

第三章　椪柑和胡柚加工技术

椪柑和胡柚是衢州市柑橘主栽品种，现有面积29 511公顷，常年产量60万吨左右，每年有7万～10万吨小果和外观不良果，以及5万～6万吨的落地青果和鲜果皮，有果实综合利用和精深加工的资源条件和基础。从20世纪80年代以来，衢州市探索椪柑综合利用和精深加工的技术和产品开发，取得了一批实用新技术，开发了一批新产品，促进了柑橘果实的果皮、果肉、种核等全果综合开发利用，促进了产业增效、果农增收，推动了衢州柑橘产业的转型提升。

椪柑和胡柚果实全身都是宝，其果皮、果肉、果核、橘络等都能加工成产品，有综合利用的价值。椪柑和胡柚果皮是提取香精油、果胶、橙皮甙、辛弗林、类胡萝卜素的优质原料，还可制成果酱、橘皮糖。椪柑适宜进行柑橘砂囊生产，以椪柑果肉制作的囊胞罐头，具有大小均匀、颗粒饱满、色泽鲜艳、香气浓郁、口感纯正等特点，是制作"粒粒橙"等饮料理想的原料；椪柑和胡柚果肉还能制作椪柑汁、果醋、复合果汁饮料等。椪柑和胡柚的种核可提取柠檬苦素和榨橘籽油。其橘络和囊衣可加工纤维糖和纤维饮料。落地小青果则可提取果胶、黄酮。

衢州市年加工椪柑和胡柚鲜果6万余吨，年生产果胶、囊胞罐头等加工产品4万余吨，实现年产值2.3亿元。衢州市已成为全国最大的椪柑砂囊生产加工地，加工量约占全国总量的60%。衢州果胶生产历史长、技术较先进，主要的产品种类有低甲氧基果胶、高甲氧基果胶和复配果胶等。胡柚（蜂蜜）茶、胡柚果脯、胡柚小青果等成为市场销售产品。

第一节 椪柑囊胞加工技术

椪柑囊胞罐头主要用作加工“粒粒橙”和“果粒橙”饮料，随着果汁、果粒饮料市场的扩大，对椪柑囊胞罐头的需求量也在增长。椪柑囊胞罐头成品中的囊胞色泽橙黄鲜艳，棱角分明，囊柄细短，形状饱满，光泽美观；而且囊壁厚度适中，甜酸适宜，咀嚼性好，显著优于温州蜜柑、槾橘、早橘等为原料制作的囊胞。根据包装物不同，椪柑囊胞分为塑料桶装类椪柑囊胞、铁罐装类椪柑囊胞和塑料袋装类椪柑囊胞。

一、工艺流程

原料分级→清洗→热烫→剥皮分瓣→酸碱处理→漂洗→去核→囊胞分离→调配→罐装→冷却→成品。食品工业用椪柑囊胞生产流程（图1）。

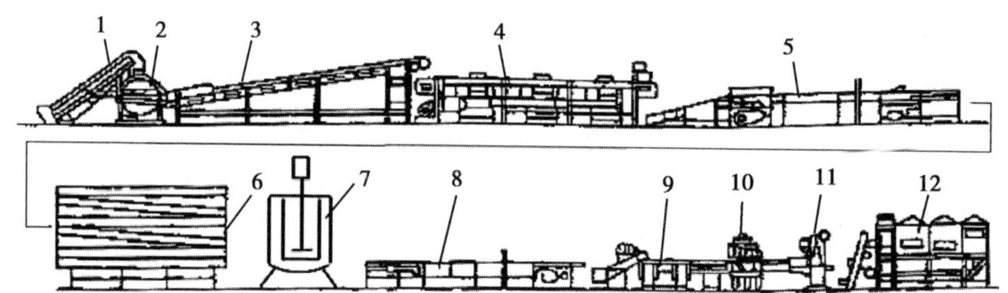

1.刮板提升机；2.烫皮机；3.冷却划皮输送机；4.剥皮机；5.分瓣输送机；6.酸碱连续漂洗槽；7.砂囊分散机；8.拣选去核输送台；9.装罐称重输送台；10.加汁机；11.真空封罐机；12.常压连续杀菌机

图1 椪柑囊胞机械化化生产线

二、操作要点

（一）原料分级

采用新鲜或冷藏、成熟适度、风味正常、无干瘪、无腐烂变质、无病虫害的椪柑果实，分为大中小三级，分装不同筐（箱）中。

（二）清洗

用自来水洗净果实表面灰尘、泥污及其他杂质。

（三）热烫

用可盛7.5～10千克椪柑果实的竹筐或铁丝篮，于95～100℃沸水中烫1～2分钟，以橘皮、橘络易分离而不影响橘肉为度。

（四）酸碱处理

将橘瓣投入酸碱处理槽或水池中，先用浓度1%的盐酸在常温下处理40分钟，待囊衣中果胶部分被酸溶解，即把酸液放掉，用水漂清。然后加入1%的氢氧化钠溶液，要求温度保持在40～50℃，处理3～5分钟，以囊衣去尽、果肉不起毛不软烂为度，然后用清水漂洗。

（五）去核整理

有人工筛选去核和机械去核两种方法。以人工去核为例，用手工逐瓣除去剩余部分囊衣、僵瓣、种子和杂物。

（六）囊胞分离

将橘瓣放入带螺旋桨的搅拌机中，加入40～50℃的热水，橘瓣与热水之比为1∶2，搅拌分离5分钟，即能使椪柑囊瓣分离成砂囊。

以上囊胞分离方法工艺简单、成本低，但囊胞破碎率高，最近开发的柑橘囊胞二级分离工艺，具有囊胞破碎率低、流程短、设备投资省等优点，在食品工业用柑橘囊胞加工中得到应用（图2）。

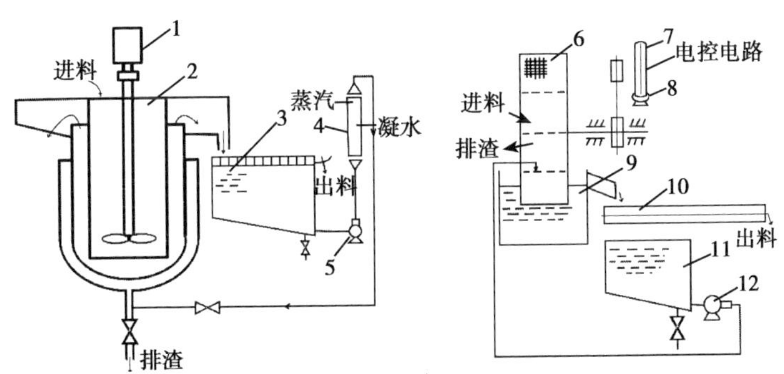

1.减速电机；2.一级分离槽；3.分水装置；4.换热器；5.回流泵；6.二级分离筒筛；7.减速箱； 8.电动机；9.柑橘浮选箱；10.选择输送带；11.贮水箱；12.循环水泵。

图2　柑橘囊胞二级分离工艺流程

（七）调配

以250千克椪柑砂囊为量，加入苯甲酸钠250克，山梨酸钾50克，柠檬酸500克，无水氯化钙25克，日落红和柠檬黄各1.5克，高分子透明护色剂100克。

（八）热灌装

注水温度达到100℃即停止加热，投入配料，搅拌后装罐，塑料罐长宽高分别为27、27、41厘米，罐口直径5.5厘米。装罐砂囊净重16千克。以热罐装代替杀菌。

（九）冷却

将罐头送入冷却槽，把罐内果汁冷却到30℃左右为止。

三、产品标准

（一）感官指标

椪柑囊胞感官要求应符合表4的规定。

表4　椪柑囊胞感官要求

项 目	要 求
色 泽	具有该品种囊胞应有的色泽
滋味及气味	具有该品种囊胞应有的滋味及气味，无异味
组织形态	囊胞饱满、软硬适度、颗粒分明
杂 质	无肉眼可见外来杂质

（二）理化指标

椪柑囊胞理化指标应符合表5的规定。

表5　椪柑囊胞理化指标

项目	指标
固形物，%	≥50
瘪籽（以1kg囊胞计），粒	≤20
桔核（以10kg囊胞计），粒	≤5
pH值	3.0～3.8
总砷（以As计），mg/kg	≤0.5
铅（Pb），mg/kg	≤0.5
铜（Cu），mg/kg	≤5.0
锡（Sn）[a]，mg/kg	≤250

注：[a] 仅适用于金属罐装

（三）卫生指标

椪柑囊胞卫生指标应符合表6的规定。

表6　椪柑囊胞卫生指标

项目	指标	
	灌装后不杀菌类	灌装后杀菌类
菌落总数（cfu/ml）	≤1 000	/
大肠菌群（MPN/100ml）	≤30	/
霉菌（cfu/ml）	≤20	/
酵母（cfu/ml）	≤20	/
致病菌（沙门氏菌、志贺氏菌、金黄色葡萄球菌）	不得检出	/
商业无菌	/	商业无菌

第二节　椪柑果汁加工技术

椪柑果汁经发酵可生产椪柑果酒及为消费者青睐的椪柑果醋饮料，还可配制椪柑果奶、与橙汁配制的椪柑果粒橙、与刺梨汁配制复合型果汁饮料。衢州市是中国的椪柑之乡，种植面积2万公顷，年产椪柑约40万吨，椪柑三级果及残次果价格便宜，加工成果汁能提高农民收入。近年来国内外市场果汁饮料需求量逐年上升，因此，开发椪柑果汁的前景十分诱人。

一、工艺流程

原料清洗→热烫→剥皮→分瓣→酸碱去囊衣→漂洗→整理去核及残存囊衣→打浆或压榨过滤→均质→脱气→调味→巴氏杀菌→装罐、封罐→冷却→成品。

二、操作要点

（一）热烫

用可装10～15千克椪柑果实的塑料筐按果实大小分别于95～100℃沸水中烫1～2分钟，以橘皮、橘络易剥而不影响橘肉为准。

（二）酸碱处理

将橘瓣投入酸碱处理池中，选用浓度为1％的食用级盐酸，在常温下处理40分钟，待囊衣部分被酸溶解，即把酸液放掉，用清水漂清。尔后加入1％的食用级氢氧化钠溶液，要求温度保持在50℃，处理3～5分钟。囊衣去尽，特别是去尽橘瓣腹部囊衣，以果肉不起毛、不软烂为度，然后用清水漂洗。

（三）去核整理

手工逐瓣除去剩余的囊衣、橘络、种籽和杂物。

（四）打浆

用筛板孔径0.8及0.3毫米打浆机榨取椪柑汁，排除粗渣。

（五）筛滤

用孔径120目的筛过滤椪柑汁，除去粗纤维。

（六）调配

椪柑汁100千克，橙汁10千克，β—环糊精（0.25％），柠檬酸液（50％）

与糖水适量，糖水浓度及柠檬酸液用量以调整到果汁糖度达15%，酸度达0.6%为宜，加入山梨酸钾使其浓度达到0.05%。

（七）均质

均质机工作压力20～25 MPa，使果汁中粗大悬浮粒受压而破碎，并均匀稳定分布于汁液中。

（八）脱气

真空脱气机真空度0.95 MPa，保持2分钟。

（九）巴氏杀菌

将脱气后的椪柑汁送入巴氏杀菌器，在1分钟内加热到92～93℃，保持30秒。

（十）装罐与密封

趁热装入饮料罐，立即密封。

（十一）冷却

将罐头送入冷却槽，把罐内果汁冷却到40℃以下。

（十二）擦罐与包装

用布揩干罐面，贴上标签，装入纸板箱。

（十三）入库

成品入库，离墙离地堆叠保存。

三、椪柑果汁质量指标

（一）感官指标

椪柑果汁感官指标应符合表7要求。

表7　椪柑果汁感官指标

项　目	要　求
色　泽	橙黄或淡橙黄色。
滋味气味	具有鲜汁的风味，酸甜适口，有轻微苦味。
组织形态	汁液均匀混浊，放置后允许有沉淀，但摇动后仍回复原有混浊状态，无杂质。

（二）理化指标

椪柑果汁理化指标应符合表8要求。

表8　椪柑果汁理化指标

项　目	要　求
净重	每听允许误差±5%
原汁含量	100%
可溶性固形物	12%～15%（折光计）
总酸度（以糖 酸计）	0.8%～1.3%

（三）卫生指标

椪柑果汁卫生指标应符合表9要求。

表9　椪柑果汁卫生指标

项　目	指　标
菌落总数（cfu/ml）	≤100
大肠菌群（MPN/100ml）	≤3
霉菌（cfu/ml）	≤10
酵母（cfu/ml）	≤10
致病菌（沙门氏菌，志贺氏菌，金黄葡萄杆菌）	不得检出
铅（以 Pb 计）mg/L	≤0.5
总砷（以 As 计）mg/L	≤0.5
铜（以 Cu 计）mg/L	≤5.0
锡（以 Sn 计）mg/L	≤200

第三节　椪柑刺梨复合果汁加工技术

以椪柑囊胞和刺梨汁为原料制作复合型果汁饮料的配方为：水76.6%，蔗糖8%，椪柑砂囊8%，刺梨汁5%，蜂蜜2%，柠檬酸0.17%，低甲氧基果胶0.15％，山梨酸钾0.05％，氯化钙0.03％。该饮料富含维生素、胡萝卜素、类黄酮、果胶、膳食纤维等多种活性成分和糖、柠檬酸、磷、钾、钙、铁、锌、硒等营养，不添加香精、色素，成品呈柔和的淡黄色，有椪柑和刺梨果的香气，甜酸适度，鲜香爽口，为理想的保健型饮料，有广阔的市场前景。

一、工艺流程

原料验收→清洗→热烫剥皮→分瓣→酸碱处理全去囊衣→漂洗→砂囊分离→筛选清理→漂洗→刺梨汁制备→配料→装瓶→杀菌、冷却→成品。

二、操作要点

（一）原料验收

选择新鲜的成熟椪柑和刺梨果实，椪柑色泽以橙黄色最佳，刺梨以金黄色为好，无霉烂果。

（二）热烫剥皮

将椪柑果实投入90～95℃的热水中，时间10～20秒钟，程度以橘皮发软、而不伤及橘肉为准，过熟橘肉容易烫伤破损，过生则皮肉相粘而剥皮困难。热烫好的椪柑尽快趁热剥去外皮。剥皮后的果肉去除橘络。热烫水每3～4小时换一次。

（三）分瓣

剥皮后的果肉去除橘络和残留的碎皮，人工分瓣。

（四）酸碱处理全去囊衣

将果肉用1％的盐酸溶液浸泡30分钟，浸泡过程中不时轻柔搅动。处理完毕后，用清水漂洗干净，同时将不适合加工、影响产品质量的橘肉及杂质剔除。漂洗干净的橘肉用50℃1％碱液处理30～60秒钟，不停地搅拌，挑除囊衣。

（五）漂洗

用清水洗涤碱液处理后的囊胞。

（六）砂囊分离

漂清的橘肉捞起放入分离机的85～90℃热水中，每一次放25～30千克橘肉，使橘肉分散成囊孢。分离的砂囊用凉水冲凉，倒入清水池中，不得失水存放。

（七）筛选清理

将分离好的砂囊从存放池中捞出，用5毫米 ×5毫米筛进行筛选，主要目的是将囊孢中的残存囊衣、橘籽及较大的杂质清除。筛洗数量要适中，用力均匀。筛洗池要常换凉水，保持不浑浊、不热烫。将筛洗出的砂囊用清水冲洗，再次清除残存囊衣、橘籽、橘皮及其他杂质。

（八）刺梨汁制备

将果实用水漂洗后粉碎，压榨取汁，采用不锈钢离心机去除果汁中粗渣、悬浮物，按果汁的1/4量加入1％柠檬酸液以利维生素 C 和 SOD 等活性成分的保存。将果汁加热到85℃保温5分钟后，立即冷至室温。用不锈钢罐或无毒塑料桶盛装并加盖密封，放在1～2℃冷藏库中自然澄清一周以上，使果汁中的悬浮物充分沉降下来，用虹吸法或其他方法除去沉淀物。

（九）配料

先将20份蒸馏水加热至95～99℃，将低甲氧基果胶用少量蔗糖搅拌混匀，倒入蒸馏水中，边倒边搅拌，直至全部溶解；再倒入经过过滤的60％的糖液、椪柑砂囊、刺梨汁，加足饮用水，沸腾后，按比例加入山梨酸钾、柠檬酸，最后加入用少量水溶解后的氯化钙，搅拌均匀。

（十）装罐

趁热装罐，每罐装量310克。

（十一）杀菌与冷却

在80℃热水中放置20分钟，冷却后即为成品。

三、产品质量指标

（一）感官指标

椪柑刺梨复合果汁的感官指标应符合表10的规定。

表10　椪柑刺梨复合果汁感官指标

项 目	指　标
色 泽	果粒、汁液呈淡黄色
香 气	具有椪柑和刺梨鲜果的香气，香气柔和
风 味	具有椪柑和刺梨的风味，酸甜适口，协调
浊 度	浑浊度均匀一致，果粒分布较均匀
杂 质	无肉眼可见的外来杂质

（二）理化指标

椪柑刺梨复合果汁理化指标如下：净重（310±5）克，可溶性固形物≥10%，固形物≥8%，柠檬酸含量0.12%～0.15%。

（三）卫生指标

椪柑刺梨复合果汁的卫生指标应符合表11的规定。

表11　椪柑刺梨复合果汁卫生指标

项　目	指　标
细菌总数 (cfu/g)	≤100
大肠菌(MPN/100g)	≤3
致病菌	不得检出
总砷 (mg/kg)	≤0.2
铜　(mg/kg)	≤5
铅　(mg/kg)	≤0.05

第四节　椪柑和胡柚果皮及幼果提制果胶技术

果胶是存在于植物细胞壁中的一类高分子多糖化合物，因其具有良好的乳化、增稠、稳定和胶凝作用而作为一种重要的添加剂，广泛应用于食品、纺织、印染和化工等领域。而且果胶还具有抗菌、止血、消肿、解毒、降血脂、抗辐射等作用，近年来在医药和保健品行业应用较为广泛。椪柑和胡柚果皮及幼果是提制果胶的优质原料。经过实验筛选出提取工艺中的 pH 值、温度和加热时间控制的最佳工艺参数，而且改良了乙醇—HCl 法，开发研制了专用脱色剂，成功的将椪柑和胡柚果胶得率提高至13.4%，且产品质量高，成产周期短，工艺简单，成本低。

一、工艺流程

果胶生产最主要是两个步骤。一是提取果胶，把果胶从原料中分解出来溶于水中；二是将果胶液浓缩、提纯和精制。其工艺流程如下：

原料收购→橘皮切碎→漂洗→干燥→浸提→分离→浓缩→冷却→沉淀→压滤→洗涤→干燥→粉碎→混合标准化→高甲氧基果胶（图3）去甲氧基→压滤→除盐醇洗→压滤→干燥→粉碎→混合标准化→低甲氧基果胶。

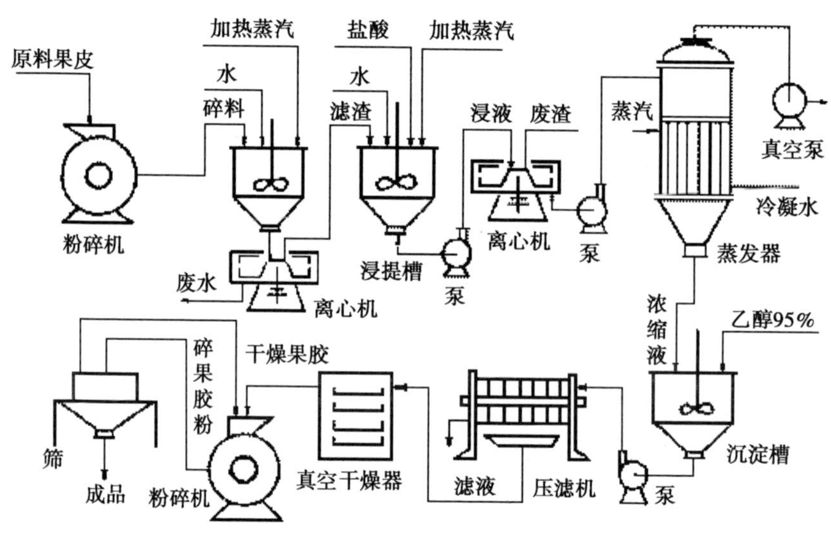

图3　高甲氧基果胶机械化生产流程

二、操作要点

（一）原料处理

加工果胶的原料以各果品厂在加工椪柑砂囊罐头、胡柚砂囊罐头时废弃的干橘皮为主，此类柑橘皮由于在剥皮前已经过烫橘，在95℃以上温度的热水中烫3分钟左右，故橘皮内的果胶酶已被钝化，可避免果胶的进一步降解。如收购加工厂当天加工的湿橘皮，应立即自然风干或用干燥器热风烘干，掌握温度80～90℃；当含水量为20%～25%时，温度降至65～70℃下继续烘干，最终水分应控制在8%～10%，手掰易断为准。含水量低于7%时对果胶的得率和凝胶强度有不利影响，含水量超过20%，果皮又极易霉变。

（二）粉碎

将果皮原料用粉碎机粉碎，粒度为2～4毫米为宜，因为原料的粒度过大，果胶物质与水的接触面积则小，不利于果胶的溶出，而粒度太小，又给浸提液的过滤造成困难，因此必须加工至合适的粒度。

（三）漂洗

要求既清除不溶性泥沙又洗掉可溶性杂物。果皮原料中除含果胶外，还含有糖、酸、橙皮甙和精油等不利于果胶提取的物质。生产上可采取和果胶精油联产，先提取精油。粉碎的果皮先用清水漂洗，再用60～70℃的热水浸泡20分钟，过滤后再用大量清水洗至滤水无色为止。经强洗后的橘皮粒榨干后，用无离子水反洗，以除去大部分可溶性杂质。

（四）浸提（反应萃取）

主原料：水＝1：4～5的比例加入浸槽中，并用盐酸将pH值调节到1.8～2.2，同时通入蒸汽直接加热至70～75℃，在该温度下提取1小时，使果胶原水解完全。

浸提时的料水比要从两个角度考虑。一是所加水的数量应保证能使已分解出的可溶性果胶转移到液相中去，并且保证最终果胶浸提液有一定的流动性，以利于下一步的过滤。另一个是尽量少用水，目的是得到一个浓度较高的果胶液，减少浓缩时蒸发水分的能量消耗。

浸提液的pH值对果胶的收率和质量影响很大。实验证明：pH值越低，收率越高，但胶凝度下降。反之，pH值提高，收率减少，但胶凝度上升。

浸提过程的温度与时间有着密切的关系，同时它们又对果胶的提取率、胶凝度有着直接的影响。温度过高，时间太长，提取的果胶质量下降。相反温度过低，时间短，果胶的提取率低。一般在100℃以上的温度下进行浸提，提出的果胶胶凝度不良；而在40℃以下的温度，又需要相当长的时间才能浸提出果胶来，且往往造成果胶的过度脱酯。所以浸提应在60～90℃范围内选择进行。

（五）精滤（澄清、脱色）

果胶浸提液的过滤是果胶生产中较困难的工序。过滤效果好坏对果胶质量有很大的影响。滤得清的果胶液不但易于浓缩，而且对果胶的溶解度和胶凝强度也是十分重要的。压滤除去残渣，用阳离子交换树脂吸附，再用氨中和到 pH 值3.5～4.0，然后用硅藻土脱色，所得浸提液浓度为0.5%～1.5%，要求透明清亮，不能浑浊，这样的滤液易浓缩，胶凝度也高。同时在沉淀洗涤过程中，果胶得到又一次的纯化，从而提高了产品的品级。本工艺用板框压滤机压滤，工作压力0.5 Mpa，浸提液保持50℃左右。

（六）浓缩

浸提液压滤后，将滤清的果胶液送入旋转滤膜蒸发器，保持真空度0.085 MPa，pH 值2.7～3.6，沸点60℃，浓缩至4%～6%。浓度过高，进行酒精处理时，会产生包心，从而使部分糖类、杂质、残留在果胶沉淀中，致使果胶品级下降。这样沉淀后，不仅易过滤，而且容易洗涤、脱水和干燥，同时可减少酒精用量。本工艺所用的旋转薄膜蒸发器物料受热温度低，时间短，并可连续使用，经浓缩的果胶液应尽快冷却至常温。

（七）沉淀

将浓缩后的果胶液迅速冷却，然后以多股细丝状均匀流95%的乙醇溶液（含5% HCl）中，充分搅拌，使果胶沉淀完全。最终乙醇的浓度控制在50%左右。静置2～3小时后便可进行压滤，再用95%乙醇洗涤滤渣2～3次，以除去杂质提高质量，便得灰白色的固体果胶。

注意：① 沉淀、洗涤和脱水应尽量地压滤干。② 沉淀、洗涤和脱水等处理过程应在密封容器中进行，防止酒精过多地挥发损失；共洗涤二次，每次洗涤半小时，酒精与果胶之比为1∶2。

（八）干燥和粉碎

洗涤后的果胶铺成薄层，在50～60℃下进行真空干燥至水分达到10%以下时取出。干燥后的果胶立即进行研磨粉碎，过筛制得60目的果胶粉，然后用塑料袋包装即为成品。

（九）溶剂回收

溶剂经精馏回收及溶剂挥发控制回收，是生产果胶成本的关键因素。

每吨果胶生产中，溶剂的耗量控制在1～2吨内。酒精用精馏塔回收，工作压力0.02 MPa，温度107℃，回收率可达99.5％，果胶浓度可达92°。

（十）低甲氧基果胶制备

以磷酸三钠去甲氧基。将果胶滤块置于磷酸三钠碱性水溶液（果胶滤块与溶液用量比为3:1），保持 pH 值9～10，反应1.5小时，反应的温度保持在20～30℃。随着去甲氧基化的进行，流程中 pH 值不断降低，需要添加磷酸三钠以维持 pH 值。本方法反应速度快，容易控制，不影响制品质量。待去甲氧基化完成后，用盐酸中和溶液至 pH 值5.0，用乙醇沉淀，过滤果胶分离后，用乙醇进行清洗，并用清水洗除盐类，以降低灰分，经压榨、干燥、粉碎得到低甲氧基果胶。

三、质量指标

果胶质量指标应符合国家标准 GB 25533-2010《食品安全国家标准食品添加剂果胶》，为粉末状；白色、淡黄色、浅灰白或浅棕色；酯化度≤65％，水分≤12％，灰分≤7％，铅≤5毫克/千克，砷≤2毫克/千克。

第五节　橙皮甙和甲基橙皮甙生产技术

橙皮甙又称橙皮糖杂体，溶于碱性溶液时呈黄色，是椪柑和胡柚皮中的主要黄酮成分，含量约5％以上，未成熟果、生理落果中的含量更高达25％左右。

甲基橙皮甙是以橙皮甙为原料，经过甲基化反应制取的。甲基橙皮甙是一种水溶性物质，亦是一种药效好、毒性低的口服药物。作用相当于维生素 P，用于加强人体毛细管的抵抗力，防止动脉硬化引起的血管紊乱，因此对治疗心血管病有显著的功效，它是国内治疗心血管药物“脉通”的主要成分。甲基橙皮甙溶于水，较容易被人体吸收，对导致皮肤变色的酪氨酸酶有抵制作用，故可制成药用化妆品、营养化妆品及治疗黑斑、雀斑等皮肤病的药物以及强化食品的添加剂。

一、橙皮甙粗品生产技术

橙皮甙的提取方法有溶剂萃取法、碱提酸沉法、碳粉吸附法、离子交换法，其中碱提酸沉法操作简单、成本低，提取率较高。橙皮甙的碱提酸沉法主要是利用其所含的两个酚羟基在碱性条件下，与溶液中的钠离子反应生成钠盐而溶出，然后酸化、冷却，使其从溶液中析出。

（一）生产工艺

原料→石灰水或烧碱溶解→过滤分离→盐酸结晶→烘干→橙皮甙粗品。

（二）工艺条件

按原料：甲醇：烧碱 = 1：30：8（质量比）进行提取。先将甲醇和液碱搅拌混合，再将原料加入，继续搅拌1小时使溶解完全，然后过滤至澄清，滤液用盐酸调至 pH 值4，静置沉淀，过滤，滤饼用煮沸水洗涤至无色，甲醇滤液精馏回收。

二、甲基橙皮甙生产技术

（一）工艺流程

见图4所示。

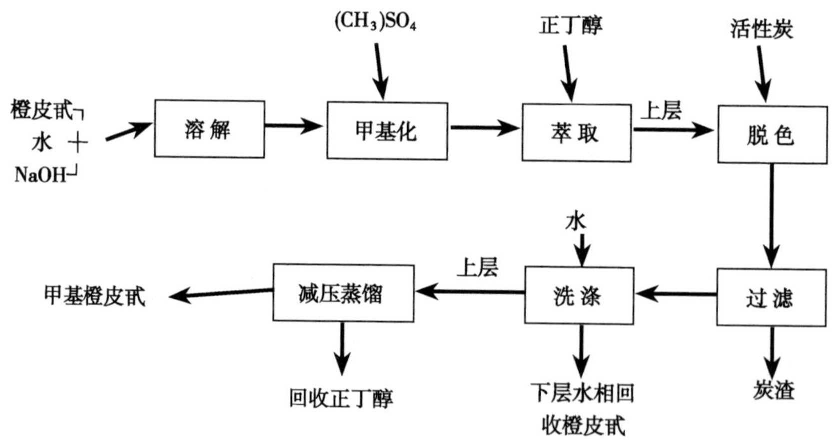

图4　甲基橙皮甙生产流程

（二）反应方程式

用硫酸二甲酯做甲基化试剂，用正丁醇萃取甲基橙皮甙溶液，经过蒸馏，得到3′—甲基橙皮甙，收率40%，质量分数≥94%的产品。反应方程式如下：

橙皮甙 +（CH_3）$2SO_4$+NaOH

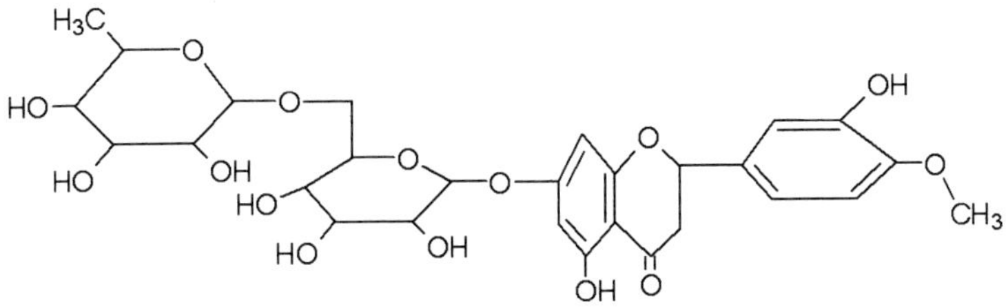

→（$C_{28}H_{34}O_{15}$）+ CH_3OSO_3Na 甲基橙皮甙（$C_{29}H_{36}O_{15}$）

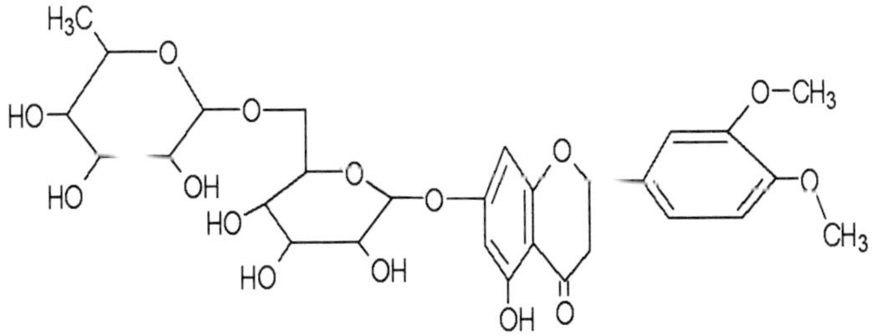

（三）工艺条件

按橙皮甙：水：氢氧化钠 = 1：40：13（质量比），先将氢氧化钠溶于水，再加入橙皮甙，搅拌溶液成深棕色，时间0.5 ~ 1小时，1份质量的橙皮甙慢慢加入3份硫酸二甲酯，20 ~ 25分钟加完，液温10 ~ 25℃，反应6小时后，pH 值 =6 ~ 7，加10份正丁醇，50 ~ 55℃萃取6小时，静置分离，上层萃取液加0.1份活性炭脱色，过滤后滤液用3 ~ 4份水分别洗2次，各静置10 ~ 12小时分层，减压蒸馏（压力8 800 ~ 9 500Pa）。浓缩物用乙醇于60℃溶解，放置结晶，过滤后60 ~ 70℃烘干即得甲基橙皮甙产品。

（四）产品质量指标

感官指标。甲基橙皮甙产品为黄色或橙黄色粉末，溶解液澄清透明。

理化指标。甲基橙皮甙产品纯度＞94％，含水量＜5.0％，硫酸盐＜0.02％，灼烧残渣＜0.5％。

卫生指标。甲基橙皮甙产品菌落总数≤1 000 cfu/g，大肠杆菌不得检出，霉菌、酵母菌 ≤100 cfu/ 克，重金属（以 Pb 计 ）≤20毫克 / 千克。

第六节　椪柑种子等提取柠檬苦素技术

椪柑果实含种子较多，平均每果7.5粒，生产每吨椪柑囊胞罐头可回收干种子7～11千克。衢州市年产椪柑囊胞罐头4万多吨，可回收干种子约400吨。椪柑种子含油20％～25％，可用冷榨法、热榨法或用溶剂提取。椪柑种子油含有游离脂肪酸、磷酸盐、色素、柠檬苦素和橙皮甙等物质，其中含有柠檬苦素量1％左右。另外，囊衣和内果皮也含有丰富的柠檬苦素。

柠檬苦素（limonoids）是三萜类的植物次生代谢产物，主要存在于芸香科和楝科植物中，特别是在柑橘属中含量最为丰富，它是引起柑橘汁苦味的重要原因之一。柠檬苦素主要包括柠碱（limonin）和诺米林（Nomilin）等苦味代表物。现代研究表明柠檬苦素类物质具有抑制由化学物质导致的肝癌、小肠癌和皮肤癌等作用。此外，柠檬苦素是中枢神经系统活化剂，消化功能改善剂，还具有镇痛、抗炎、抗真菌、抗病毒、改善睡眠、降低胆固醇和调节细胞色素的作用，广泛应用于制药及食品工业中。柠檬苦素类化合物还是绿色环保杀虫剂。柠檬苦素的分离和提取技术如下。

一、工艺条件

先经干燥粉碎处理，用石油醚脱脂，再经有机溶剂提取出粗提物，利用在萃取液中溶解度不同来分离结晶，或采用离子交换树脂法或硅胶柱层析法得到成品化合物。

二、生产工艺流程

种子→烘烤粉碎→浸渍→搅拌→重复提取→脱脂粉末料→抽提→蒸发→加混合液→搅拌过滤→滤液结晶→重结晶→柠檬苦素晶体。

三、操作要点

（一）烘烤粉碎

先将收集的种子、囊衣、内果皮在60～80℃下烘烤5～7小时，干燥后粉碎得粉末料。

（二）浸渍脱脂

将粉末料置入容器中，加入粉末料体积1.5～2倍的石油醚或乙醚，浸渍、搅拌3～4小时，脱脂，滤去全部石油醚或乙醚，将头一次脱脂后的粉末料再重复脱脂2次后，得脱脂粉末料。

（三）抽提

用索氏提取器，以丙酮为溶剂抽提脱脂粉末料，在85～95℃温度下连续抽提6～8小时，得抽提液。

（四）蒸发

将抽提液用旋转蒸发器蒸干，得固体混合物。

（五）初结晶

按二氯甲烷：异丙醇=1：2（体积比）配制混合液，在混合液中加入固体混合物，比例为固体混合物：混合液=1：（25～45），不断搅拌使固体混合物充分溶解，过滤去除杂质，再将滤液结晶。

（六）重结晶

将结晶物再次用二氯甲烷和异丙醇（体积比1：2）配制的混合液溶解，重结晶2次，最后得柠檬苦素晶体。

第七节　椪柑果皮香精油的提制

柑橘香精油是一种黄色或橙红色的流动性液体，从柑橘果皮中提取，成分主要为萜类化合物，根据原料品种的不同，香精油的成分有差异，香气也各不相同，因而分成柠檬香精油、甜橙香精油、椪柑香精油等。柑橘香精油是世界香精工业重要的也是产量最大的天然香料，广泛用于食品和日化工业。将椪柑皮进行综合利用深度开发，不仅能充分利用资源，获得更好的经济效益，而且能减少污染，保护环境。

一、椪柑香精油的提制方法

新鲜果皮、微干和干燥果皮都可提取精油。提取的方法有3种：蒸馏法、溶剂抽提法和压榨法。其中，蒸馏法是目前最常用的方法，因为方法比较简单，不需要昂贵的设备。而提取柑橘精油最好的方法是压榨法。

（一）水蒸气蒸馏法

用水蒸气蒸馏法提取，操作简单，不需要昂贵的设备，为常用的椪柑香精油的提制方法。出油量为原料的1%～2%。但是，一般芳香物质与水之间会形成多种共沸组成体系，导致香精回收的复杂性，往往导致精油失去原有的香气，特别是一些重要成分如醛类和酯类等遭受较大的损失，改变了精油的性质和香气，因此，用此法获得的精油品质较差，价值不高。

（二）溶剂抽提法

采用丙酮、己烷、石油醚或苯等有机溶剂，抽提柑橘碎果皮，得到一种含精油的提取液。由于柑橘油不溶于水而溶于上述溶剂，含有精油的溶剂与水又不互溶，从而可分离除去水。然后在常压或真空条件下蒸出溶剂，得到精油。

溶剂抽提法，虽然经过真空浓缩脱去了绝大部分的溶剂，但制得的柑橘油中还残留有痕量溶剂。所以，产品适用于化妆品工业的使用，而在食品和医药方面的使用则受到限制。

（三）压榨法

压榨法又分为冷榨法、直接压榨法和冷磨法等3种方式。

1. 冷榨法

冷榨法工艺流程如下：

原料挑选→浸泡石灰水→清洗→压榨→过滤→离心分离→精制→成品。

冷榨一般指先用石灰水浸泡果皮，使之硬化，再压破油胞，并用水喷淋把油洗出，通过离心分离而得。这种方法虽然未经加热处理，但石灰水硬化处理时，油质会受到一定影响，经济价值次之。

2. 直接压榨法

直接压榨法采是用机械摩擦挤压使油胞破裂，流出橘油，再以高压喷水将橘油冲洗流入容器中，最初提出的也是一种油水乳剂，其中，含有果皮果肉和大量的水分，用网筛或滚筒除去粗渣，离心机高速分离除去小形颗粒和大部分水分后制得。

以直接压榨法分离出的香精油往往带有少量水分和蜡等杂质，放在约8℃的冷库中静置6天左右，让杂质与水沉降下来，然后用虹吸管吸出上层澄清的精油，并通过滤纸与薄石棉纸滤层漏斗减压抽滤，滤液即为香精油产品。100千克原料可榨取0.6～1.2千克香精油。

3. 冷磨法（脱水处理压榨法）

直接压榨法虽然能有效地从柑橘外果皮获得精油，但它需要水洗，而使油中癸醛和芳樟醇（主要香味成分）等水溶性香味成分在加工过程中损失掉；另外类胡萝卜色素含量极低（因为压榨出的油与果皮渣中的类胡萝卜色素接触时间短，大部分仍残留在渣滓中）。以至于在用这种油调配食品时，即使加入最大允许量，均不能明显影响食品外观的颜色。采用冷磨法就能克服这一缺点。

该法采用金属丝刷轮摩擦柑橘的外皮，使有色体和油胞破裂，得到一种含柑橘外皮颗粒、精油和水的糊状物料。将糊状物料与固体脱水剂混合，水与脱水剂便生成无机盐水合物，该混合物通过压榨将柑橘油榨出，水与盐留在饼渣里。这样获得的精油含有高浓度的类胡萝卜色素和挥发性芳香物质。这种油的质量比上述的方法获得的油都好。

二、冷磨法提制椪柑香精油

（一）工艺流程

原料清洗→磨油→脱水→压榨→离心分离→精制→成品。

（二）操作要点

选用完全成熟的柑橘，洗净后送入金属丝刷橙皮摩擦器，通过旋转的刷轮，把每个橙子的外表皮磨掉大约0.79毫米（白内皮层的果胶未受损失），磨掉的果皮碎片、果皮油和果皮汁呈一种糊状物料。将糊状物在容器中彻底混合，并缓缓地加入100～325目的无水硫酸钠（Na_2SO_4），使盐与糊状物之比达到1：4（重量比），在常温下保持10分钟后，置于1.5℃下贮存16小时。此间硫酸钠与糊状物中的水生成了水合物，混合物中失去了大部分游离水，剩下的就是果皮油和类胡萝卜色素，以及渣滓和水合硫酸钠的混合物。

在混合物放置16小时以后，将其放入装有活塞的圆筒中，用水压机慢慢加压到最大特定压力36.6大气压。当压力慢慢增加时，油和水便从混合物中流出来，维持操作压力直到油和水流完为止。然后泄压，从筒中取出压饼，捣碎再混合，继续进行第二次和第三次压榨。

经三次压榨获得的油颜色好，含有丰富的类胡萝卜色素。

第八节　绿色椪柑果脯加工技术

以椪柑幼果为原料，加工椪柑果脯，遇到两个技术难题：一是脱苦，由于椪柑幼果富含黄酮类化合物和类柠檬苦素等苦味物质，经加热后苦味变重，探索不加热或改进加热方法；二是如何维持绿色，试验中曾用 Cu^{2+} 和 Zn^{2+} 取代叶绿素卟啉结构中 Mg^{2+} 的方法进行护色处理，其护色效果虽好，但需高温时间较长，其产品苦味也浓，经盐腌、糖腌等后续工艺后不能继续保持绿色。经工艺革新，用采用叶绿素铜钠盐进行染色处理，就解决了既维持绿色又脱除苦味的技术难题。

一、工艺流程

原料→清洗→热烫→染色→切片→盐腌→漂洗→糖腌→烘干→防腐→包装→成品。

二、操作要点

（一）原料

疏果疏下的椪柑幼果，剔除果径小于1厘米的小果（可晒干用于提取橙皮或做他用），在疏果后的1～2天内加工。

（二）热烫

原料在95℃热水中烫1分钟左右，以钝化过氧化物酶的活性；随即取出投入染色液中。

（三）染色

染色液中加叶绿素铜钠盐0.05％，柠檬酸0.02％配成，将幼果浸在染色液中于常温下浸泡24小时，取出幼果用流动水漂洗干净。

（四）切片

用不锈钢刀将幼果切成1毫米厚的薄片。

（五）盐腌

采用一般果蔬的盐腌法，即分层压盐。一层原料撒一层盐，最上层撒盐后，压上重物，盐溶后可使椪柑薄片浸渍在盐溶液中。原料量与盐量之比5：1，盐腌60小时。

（六）漂洗

漂洗24小时，中间换水4～5次，以去掉盐分（口尝无咸味）为准。

（七）糖腌

由于椪柑圆片受热易发苦，不能采取糖煮的方法，故采用糖腌。分次加糖，逐渐提高糖液浓度，以利渗透。糖腌时加糖为原料重的20％，腌制方法同盐腌。因椪柑薄片漂洗后吸足水分，糖腌2天后糖即全部溶解，糖分达到渗透平衡后，测定糖液浓度，再加糖腌制2天，糖腌共90～96小时，最终糖液浓度达45°～47°为止，糖腌时加0.1％六偏磷酸钠，可改善品质，保护椪柑果脯色泽。

（八）烘干

椪柑薄片要堆放均匀，烘房温度控制在60～70℃，烘3小时，即可取出，若用低温真空干燥则效果更好。

（九）防腐

用尼泊金乙酯（对羟基苯甲酸乙酯）15克，酒精50毫升，充分溶解，注入喷雾器内，椪柑薄片放入盆中，边喷边拌，使均匀一致。50毫升防腐液可喷椪柑薄片30千克。

（十）包装

根据薄片大小分级包装。每袋圆片（薄片）大小要一致，采用真空包装，有利延长保持期。

三、产品质量标准

椪柑薄片外缘暗绿色，中间呈半透明的浅米黄色。橘片圆形，厚薄均匀，各级圆片直径大小一致，橘片韧性有咬劲感，甜酸适口，有椪柑清香味，略带椪柑特有的苦味，无异味。

水分≤2.0％，总糖≤50％（以葡萄糖汁），盐分＜1％。无致病菌及因微生物作用引起的霉变征状。

第九节　椪柑橘饼加工技术

椪柑橘饼主要利用外观不良果、过小果等鲜销价格低的果实加工，是充分利用椪柑果实资源提高其附加值的途径之一。

一、工艺流程

原料拣选分级→洗果→去皮→划纹→榨汁去籽→硬化处理→盐煮→糖煮→晾干→包装→成品。

二、操作要点

（一）去皮

椪柑含苦物质较多，利用残次果加工全果橘饼，必须彻底去掉果实表皮。由于椪柑残次果中锈壁虱为害果及煤烟病为害果较多，经过洗果后表面仍有污点，光用人工去皮果面难以清理干净，最好使用化学去皮，选用磷酸铵。将椪柑在煮沸和磷酸溶液（浓度1％）中浸泡1分钟，不断搅拌，即可人工抹去表皮，再在清水中漂洗待用。

（二）划纹

用划纹器把椪柑果纵向划纹6～8条，纹深0.2～0.5厘米，再榨汁去籽。

（三）硬化处理

椪柑去核后放入1%石灰水清夜中浸泡12小时，捞出后漂洗6~12小时，再榨干。

（四）盐煮

1%盐水中煮沸10分钟，捞出榨干，以脱去部分苦味。

（五）糖煮

在夹层锅中倒入一定重量的糖（果重的1/2），加水与果面平，煮沸，待熬制到糖度60%，再加糖（果重的1/5）和橙浊（果重的1/10 000）染色（因椪柑残次果脱皮后色泽较差，正常果制作橘饼可不加橙浊）。一直熬到糖度75%，果实呈透明为止，时间共需约2小时。

（六）晾干及包装

滤去糖液后晾干，用厚度为0.01mm的聚乙烯薄膜（长宽分别为13厘米和15厘米）包装。

三、产品质量标准

（一）感官指标

色泽：橙黄，均匀一致。组织形态：只形完整，呈扁圆形，饼身干爽。滋味气味：味甜爽口，饼质滋润，具橘香味，无异味。杂质：无异物。

（二）理化指标

水分：≤20%。总糖：≥75%。还原糖：≤15%。

（三）卫生指标

无致病菌及微生物作用所引起的腐败征状。

第十节　胡柚粒粒橙饮料生产技术

粒粒橙饮料是一种含有完整柑橘囊胞的可直接饮用的具有保健作用的饮料，悬浮在果汁中的囊胞使果汁更生动，既有新鲜果实的咀嚼爽脆感，又丰富了饮料的色泽与营养，增加了果汁的真实感，迎合了消费潮流，有较好的市场前景。胡柚原产于浙江省衢州市常山县，年产量15万吨余，原料充足。胡柚果实富含类黄酮、柠檬苦素、维生素 C、膳食纤维、柠檬酸等多种功能性成份和钙、铁、锌等多种矿物质，是生产粒粒橙饮料的优质原料。

一、产品配方

胡柚粒粒橙饮料的配方为：胡柚砂囊5％，胡柚果汁10％，蔗糖8％，蜂蜜2％，柠檬酸0.2％，黄原胶0.09％，CMC-Na 0.03％，柠檬酸钠0.02％，山梨酸钾0.04％。该饮料汁液澄清、囊胞悬浮均匀，无明显的沉淀、分层现象。

二、工艺流程

工艺流程如图5所示。

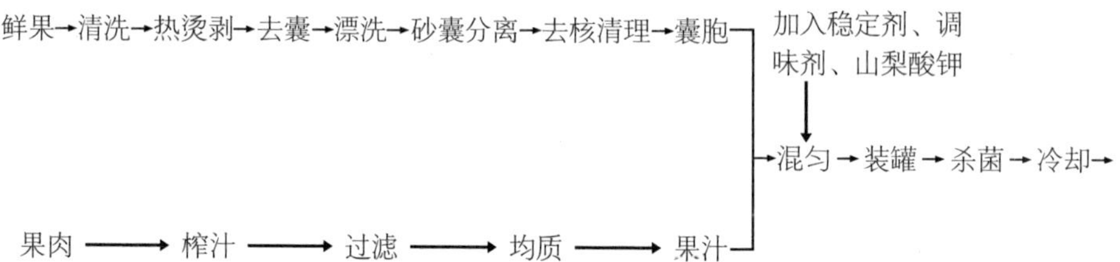

图5　胡柚囊胞悬浮型粒粒橙饮料工艺流程

三、操作要点

（一）鲜果处理

选择无腐烂、无病虫为害的成熟胡柚果实，用流水冲洗干净。

（二）热烫剥皮

将果实投入95～100℃的热水中，时间2～3分钟，程度以橘皮与橘络易剥离而不伤及柚肉为度。趁热剥去果皮，果肉去除橘络，将囊瓣剥离。热烫水每3小时换一次。

（三）酸碱处理全去囊衣

将果肉用1％碱液50℃下处理5分钟，以囊衣全部脱落、而果肉不软烂为度。随后用清水漂洗20～30分钟。再用0.3％的盐酸溶液浸泡3分钟，浸泡过程中不时轻柔搅动。处理完毕后，用清水漂洗干净。去核。

（四）胡柚汁加工

将去核后的囊瓣，用筛板孔径0.8毫米的螺旋榨汁机榨汁，粗滤去渣。去渣后的胡柚汁用均质机在20～25 MPa 压力下，使果汁中粗大悬浮颗粒破碎，使固体颗粒均质至直径≤0.1毫米。

（五）饮料配制与杀菌

将稳定剂与白砂糖干混均匀，一边慢慢放入水中一边搅拌，后加入柠檬酸、柠檬酸钠、蜂蜜等搅拌，加热至沸腾后，加入胡柚囊胞和胡柚汁，再加入山梨酸钾，搅拌均匀，趁热装罐封罐，在100℃下杀菌10分钟。流动水中冷却至常温。

四、质量指标

研制的胡柚囊胞悬浮型粒粒橙饮料达到以下质量指标。

（一）感官质量

色泽橙黄色，均匀一致；滋味酸甜适口，脆爽滑润，苦味轻微柔和，有胡柚鲜果香气；组织形态：囊胞悬浮均匀、不分层、不沉淀，溶液清澈透明度高。

（二）理化指标

含可溶性固形物10％～12％，pH 值3.5～3.8。

（三）卫生指标

卫生指标要求细菌总数≤100 cfu/ 克，大肠杆菌≤30MPN/ 千克，致病菌不得检出，总砷≤0.2毫克 / 千克，铜≤5毫克 / 千克，铅≤0.05克 / 千克的卫生指标。

第十一节　胡柚（蜂蜜）茶加工技术

胡柚（蜂蜜）茶是通过发挥胡柚果实富含维生素 C、黄酮、柠檬苦素等多种功能性成分，以全果加工成饮料，因风味口感新鲜、香气浓郁、营养丰富、具有保健作用而为广大消费者所喜爱。

一、生产工艺

胡柚果实→ 清洗→ 去表皮→ 切分→分瓣去核→打浆→均质→调配→加热排气→灌装杀菌→冷却→入库。

二、操作要点

（一）原料果实

选择无腐烂、无病虫为害的成熟胡柚果实。

（二）清洗

用自来水冲洗胡柚果实上的泥砂及其他杂物。

（三）去表皮

人工用利刨削去最外层表皮和果实两端的凹面层，削去外表皮厚约0.5毫米，油胞皮层约去除1/4。

（四）果皮切分及加工

将削去最外层表皮的果实果皮剥下，切成长约25毫米的条片，切去白皮层，再横切成3毫米宽的柚皮丝，用3％的盐水煮沸15分钟，捞出挤干，用流动水漂洗1～2小时，漂到柚皮呈微苦为止，捞出挤干，放入50％糖液中煮沸浸渍一次，再加热至可溶性固形物达65％备用。

（五）分瓣去核

将剥下果皮的果实（即果肉）按瓣分开，去除果肉中的种核。

（六）打浆

去种核后的果肉及切碎的果皮、白皮层，用锤式粉碎机粉碎，再经筛孔为0.8毫米的刮板式榨汁机并除去渣滓。此时榨取的胡柚果浆含有新鲜胡柚果汁、囊衣、橘络、果皮、白皮层、油、水等的混合物。

（七）均质

用均质机将以上果浆进行均质，使固体果粒直径在0.1毫米以下。均质后的果浆含有胡柚皮、胡柚果汁及精油。

(八)调配

在果酱中按质量比加入0.5%蜂蜜，用白砂糖调至果浆固形物达到60%；加0.5%柠檬酸，使pH值达到2.4~3.2；再加0.1%的山梨酸钾。

(九)加热排汽

将果浆加热至95℃保持1分钟，以钝化果胶酶和杀菌。

(十)罐装杀菌

装罐后在100℃下杀菌20秒钟。

(十一)冷却

通过流水迅速冷却至40℃。

三、质量指标

加工的产品成品达到以下质量指标。

(一)感官质量

色泽橙黄色，均匀一致；具有胡柚茶特有的风味，甜酸适口，柚香浓郁，无焦糊味及其他异味；组织形态：成黏稠状，柚皮丝分布均匀，经稀释后在饮料中含有均匀分布的细小颗粒，无肉眼可见的外来杂质。

(二)理化指标

含可溶性固形物≥60%，总糖(以转化糖计)≥57%，可滴定酸1%~1.2%。

(三)卫生指标

卫生指标要求细菌总数≤100 cfu/克，大肠杆菌≤30MPN/千克，致病菌不得检出，总砷≤0.2毫克/千克，铜≤5毫克/千克，铅≤0.05克/千克。

四、贮藏与食用

(一)贮藏

购买后放置在冰箱中的冷藏室或避光的冷凉场所，最适宜温度在0~7℃。

（二）食用

饮用时取1～2匙冲开水，如同泡茶一般，故称胡柚（蜂蜜茶）茶。加工制作中加入蜂蜜口感风味更佳。

第十二节 胡柚果脯加工技术

胡柚是柚和甜橙的自然杂种，是衢州市常山县的传统土特产，果实肉质脆嫩化渣多汁，风味酸甜较浓，平均皮厚约0.62厘米，适宜加工蜜饯产品。胡柚果脯是用胡柚皮加工而成，风味独特，具有止渴生津、清热化痰、解酒消食之功效。胡柚果脯是“六五”期间研制开发的胡柚综合利用新产品，产品投放市场后，销往上海等地，迅速得到消费者的青睐，产品产销两旺，长盛不衰，果脯企业也得到快速的发展。

一、工艺流程

去皮→切条或切片→脱苦护色→糖煮→糖渍→烘干→包装。

二、操作要点

（一）去皮

胡柚、广橙果实在生长及采后保鲜过程中，多次接触农药，据检测，残留农药主要集中在外果皮及两端，为确保蜜饯食品安全，需要彻底去除残留农药，可用利刨仔细刨去外果皮并连带切去果顶及果蒂凹面层的果皮。如加工的是干皮，也需回软去外果皮。根据我们实践，胡柚、柚子等果型大，果皮紧密，刨去0.5毫米厚的外表皮，约削去油胞体的1/4，仅此工序加工量可达8千克／工时至10千克／工时。

（二）切条或切片

广橙果实横切成0.6～0.8厘米的薄片并去除种籽。胡柚皮切成长 × 宽为5厘米 ×1.2厘米的长条，胡柚果肉供加工胡柚砂囊、胡柚果汁或柚子茶等。

（三）脱苦

广橙不需脱苦。胡柚皮在5％的盐水中煮沸15分钟，换盐水1次，再煮沸15分钟，后用流动水漂洗干净，可去除部分苦味，沥干备用。

(四)护色、护型

为使胡柚皮保持形状可在浸渍水中加0.1％焦亚硫酸钠再加0.3％的明矾浸渍24小时，沥干备用。

(五)糖煮

白糖10千克，淀粉糖浆10千克，柠檬酸500克，水15千克，煮开后，放入橙片或胡柚皮，煮开后约10分钟即停止加热。为提高产品饱满度，可继续糖煮，糖液浓度由60％文火熬到75％时止，耗时1.5～2小时。另外，在糖煮阶段添加0.5％的CMC(羧甲基纤维素)或果胶使之渗入柚皮组织内部，填充柚皮组织使产品饱满。用淀粉糖浆取代50％的蔗糖，能有效降低产品甜度，并仍能吸糖饱满，甜味温和，入口松软，防止蜜饯返砂。

(六)糖渍

糖煮液冷却时加入0.2％山梨酸钾，浸渍24小时，捞出沥干，并用0.2％的山梨酸钾加0.3％柠檬酸的冷开水淋洗1次，可防产品粘手。

(七)烘干

经60～70℃烘12～14小时，烘干时注意通风排湿，每隔2～3小时调整位置，翻动排湿1次。

(八)包装

用玻璃纸每包10克或20克包装。

三、质量指标

(一)感官指标

产品金黄色、透明、色泽较一致；形态基本一致，无杂质；柔软略韧，甜酸适口，无异味，无霉变。

(二)理化指标

水分≤20％，总糖(以还原糖计)≤15％，铅(以Pb计)≤1毫克／千克，铜(以Cu计)≤10毫克／千克，总砷(以AS计)≤0.5毫克／千克，食品添加剂和二氧化硫残留量符合GB 2760规定。

（三）卫生指标

卫生指标要求菌落总数≤1 000cfu/ 克，大肠杆菌群≤ 30MPN/ 千克，致病菌（沙门氏菌，志贺氏菌，金黄葡萄杆菌）不得检出，霉菌≤50cfu/ 克。

第十三节 柑橘小青果加工技术

一、胡柚小青果干品质量指标

（一）感官指标

外表面绿褐色或黑褐色，剖面果肉黄白色，中果皮厚0.6～1.2厘米，较光滑，略向外翻，有维管束散布，边缘有棕黄色油点1～2列。内囊红棕色或黑褐色，瓤囊7～12瓣，少数至15瓣，囊内汁胞干缩，质坚硬，不易折断，具浓郁芳香气味。

（二）规格指标

一类是常山胡柚在生理落果期脱落及疏除的小青果制成的干果（当地俗称“干胡柚仔”），直径1～2.5厘米，细分为直径1.5厘米以下、1.5～1.8厘米、1.8～2.5厘米等三种规格。另外一类是生理落果后至9月初的小青果干片细分为早期片(2.5～4厘米)、中期片（4～5.5厘米)、后期片（5.5～6.5厘米）这三种规格。

（三）理化指标

挥发油≥0.2%，柚皮甙≥4.0%，新橙皮甙≥3.0%，总黄酮甙≥10.0%，水分≤15%，灰分≤7.0%，农药残留量符合国家中药材GAP规定的标准。

二、工艺流程

（一）日晒干制工艺流程

采收→摊置→剖切→曝晒→包装。

（二）烘制工艺流程

烘制→发汗→烘制→发汗→烘制→发汗→包装。

三、操作要点

（一）日晒干制工艺

采收。5月中旬至8月下旬于晴天或阴天采摘或捡拾掉在园地上的小青果。

摊置。采摘后的小青果及时摊置于挡雨、阴凉、通风的场所时间12～24小时。

剖切。将小青果从赤道部位横切成两半。

暴晒。切面向上白天在太阳下暴晒，夜晚于室内通风处摊平（高度少于10厘米）堆放发汗，暴晒4天，晒至水分≤15%。

包装。将成品进行包装。

（二）烘制工艺操作要点

烘制。将胡柚小青果置于烘干机中（堆制高度低于20厘米）在70～75℃温度下烘12小时。

发汗。于室内通风处摊平（厚度低于10厘米）堆放，发汗24小时。

再烘制。将初步烘制的小青果于烘干机中在60～65℃温度下再烘制12小时。

再发汗。将以上步骤加工的小青果于室内通风处摊平（高度低于10厘米）堆放，再发汗24小时。

又烘制。将以上小青果又于烘干机中在60～70℃温度下又烘制12小时。

又发汗。将以上小青果又于室内通风处摊平（高度低于10厘米）堆放，又发汗24小时。

包装。将成品进行包装。

第四章　柑橘品牌

第一节　推进规模化生产，奠定品牌打造基础

衢州市是浙江省最大的柑橘产区，2014年年底全市柑橘总面积为3.42万公顷，从业橘农达到26万户，每户平均柑橘面积0.13公顷，且每户的柑橘又分散在好几处，多的户达30余处，技术、投入和管理很难到位，柑橘规模化生产推进不快，打造区域品牌难度大，严重制约橘农增产增收。

一、橘园流转推进规模化经营的必要性及主要形式

（一）小规模分散经营的弊端

从调研的情况看，柑橘千家万户的小生产难以适应千变万化的国内外大市场，这种小规模分散经营的弊端是显而易见的，主要概括为以下几点。

1. 不利于生产品质一致的优质柑橘

一箱柑橘打开来品尝时“前3个橘子中一个是甜的，一个是酸的，还有一个是干的”这就是品质参差不齐的最形象的说法。市场经济体制下提高农产品竞争力的两大要素就是质量和品牌，而质量是基础，没有稳定的质量，农产品在消费者心中就形不成印象，品牌就难以打响。

2. 不利于降低生产成本

橘园零星分散，管理不方便，采摘费时费工，导致成本增加，也是影响市场竞争力的因素之一。

3. 不利于生产技术到位

橘园分散，每户经营株数少，承包者相邻户多，橘树有一个争夺空间和阳光的矛盾。如果一户不疏树或疏大枝，影响其他农户疏树或疏大枝的积极

性，橘树拥挤导致越长越高，形成下小上大的倒锥形树冠，橘树的产量和品质没有保障，也影响橘农采用新技术的积极性。

4. 不利于改善橘园的基础设施和生产条件

橘园零星分散，一处地方几株树的情况不改变，橘农是不可能也不愿意投资兴建水池、道路等基础设施和购买先进适用的机械设备，劳动生产率提不高，橘园靠天吃饭的现状难以改变。

5. 不利于橘农增加投入管理

柑橘作为一种产出严重依赖投入的经济作物，在一定意义上高投入意味着高产出。而我市橘农大多数年龄在45岁以上，对地处偏远的橘园或零星橘园难以精细管理，施有机肥和天旱时灌溉等体力上难以承受，投入少，管理难到位。

6. 不利于柑橘业增效橘农增收

橘园基础设施和生产条件差，管理不方便，增加成本，投入和技术不到位，橘树抗冻抗高温干旱的能力差，柑橘难以做到持续丰产优质，再加上橘农加入产业协会或生产合作社的比例低，在市场中处于被动的弱势地位，难以将柑橘卖个好价钱。只有通过一个合法而有序的流动，使一家一户的柑橘适度规模经营，橘园相对集中，才能做到技术到位、管理到位、投入到位，才能提高劳动生产率和抵抗自然灾害的能力，才能大量生产符合市场需求的质量稳定的优质柑橘果实，才能打响品牌树立名牌，才能在市场竞争中有较强的生命力，走可持续发展之路，实现柑橘业增效、橘农增收。目前衢州市柑橘流转面积占总面积不到20%，为此，加速橘园流转必要而紧迫。

（二）橘园流转推进规模化经营的主要形式

由于认识到柑橘流转的必要性和重要意义，衢州市各地结合自身实际情况，几年来进行了不少探索和尝试，其形式主要有以下4种。

1. 集体托管型

村集体将某一片橘农分散承包经营管理不善的橘园收回后，通过公开招投标的形式，委托种橘能手集中承包经营。这种形式扩大了生产规模，村集体也增加地租收入。这种方式一般要等原承包合同到期再调整，所以流转面积很小。

2. 亲戚托管型

主要指一户人家若夫妻双方都在外打工，把柑橘交给其信任的亲戚照顾管理。一般情况下，被托管户投资管理，在年底返回少量的柑橘给原户主。由于全家在外打工的情况并不是很多，所以这种方式托管的橘园也不多，只占柑橘总面积的3%～10%，而且其管理水平也不一定高。

3. 农业公司托管型

橘农将自己的橘园的管理交给专业的农业公司管理，就服务范围、服务质量、服务收费等签订协议。如橘农将橘园病虫害防治作业承包给专业植保公司。按照协议，公司为橘园提供适时病虫害防治服务，达到防治效果后，向农户收取一定成本、劳务费等。

4. 服务队托管型

常山胡柚科技服务队在柚农自愿要求下，主要采取单项技术服务、多项技术结合服务、全程技术服务等3种服务形式，对较多农户的橘园进行托管服务。单项技术服务是针对生产管理中的重要环节开展服务，如喷药、修剪、施肥等。多项技术结合服务是为柚农提供技术、农药、肥料。全程技术服务是胡柚科技服务队的高级模式，如东案乡农民的"技术保姆"，对签定协议的胡柚园实行"四统一"（统一一支管理队伍、统一生产和管理、统一采收和收购、统一成本结算）、"二保证"（保证正常的胡柚成年树亩产2 000千克以上，保证胡柚优质果率85%以上）式的全程服务。有的服务队的服务范围超出了本乡镇，走出了常山，到邻近省县去发展。由于价格合理，技术过硬，服务周到，服务托管型深受柚农们的欢迎。

二、橘园流转推进规模化生产经营存在问题及原因分析

（一）柑橘还是橘区农民的主要收入，橘农不愿轻易流转

原因是农民的社会保障体制还没有健全、农民有后顾之忧，把种植柑橘作为家庭收入的来源之一，虽然大路货的柑橘市场价格不高，但橘农通过管理橘树、出售柑橘，将自己的劳动力转化为经济收益，遇到市场行情好的年份，还可以赚取可观的利润。若将自己的柑橘承包给他人、或者作价入股等经营权转让，作为承包方或龙头企业要求期限较长，而橘农自己心里不踏实，在目前诚信缺失信用机制不完善的情况下作为弱势群体担心受损害。

（二）劳动力转移不充分，橘农不敢轻易流转

在外打工一般没有固定的工作岗位，即使夫妻双方都在外打工，也不可能把橘园的经营权承包转让，因为万一被辞工也可以回家种柑橘。

（三）橘园经营分散，橘农不便于流转

在外打工的有意将橘园托管，但由于零星分散不成片，管理不方便，橘树互相调换困难很大（相邻的几户株数不一、树长的也有差异），再加上承包期短没人愿意接管。

（四）橘园定产定价难，不利于橘园流转

柑橘是高效益高风险的多年生经济作物，有“四年一冻害、三年一旱灾”的自然风险，也有柑橘价格预期的不确定性的市场风险，再加上柑橘立地条件的不同、管理水平的不同造成柑橘树的价值评估难，不像稻田容易定承包价，在一定程度上阻碍了柑橘返租倒包、橘树入股、经营权转让的发生。

三、促进橘园流转的几点建议

衢州柑橘要上一个新台阶，不解决柑橘小规模分散经营的问题不行。我们认为要从衢州市农村和柑橘业的实际情况出发，在全市首先大力推广常山胡柚科技服务队的经验，在有条件的地方开展“腾笼引鸟”工程，实行返租倒包，发挥橘农的积极性，推动柑橘流转，扩大经营规模，促进大面积柑橘品质的改善，提高柑橘综合生产能力和市场竞争力，需制订相应的扶持政策和管理服务措施。

（一）建立柑橘托管社（即柑橘托管服务中心）

借助常山经验，建议全市柑橘5 000亩以上的乡镇建立柑橘托管社（可与乡镇农技站合署办公），负责流转信息的登记和流转双方的牵线搭桥，有条件的地方提倡托管社自己建立服务队。柑橘托管社和柑橘服务队应挂统一牌子。暂时没有条件的以现有的服务队为依托，负责需流转橘农与服务队有效对接，现有的服务队可以跨乡镇或跨县域服务。并明确服务队的宗旨与目标，服务队按市场化运作进行自我组织、自我管理、自负盈亏、自我发展，其宗旨为“提供优质服务、壮大自身实力”，目标是“扩大生产规模、优化柑橘品质、提高经济效益”，发挥其机制、技术和管理方面特有的优势，以期

在服务过程中，赢得市场和橘农的认可，实现服务的经济效益和社会效益，推动我市柑橘产业化发展，同时实现自我完善与提高。

（二）加强宣传引导

科技服务队是新生事物，需要各级政府和各有关部门的支持和鼓励，对其成立、经营和发展给予正确的引导，通过帮扶指导、技术服务、召开全市现场示范会推进，同时加大宣传力度，发挥新闻媒体的作用，对科技服务队的发展给予充分的关注，在衢州电视台、衢州日报、衢州电台上等主流媒体大张旗鼓地进行宣传，营造服务队发展的良好舆论环境和社会环境。充分利用“农技110特快”、《农家报》、农技110网络体系等在广大农民中的影响力，详细介绍服务队的作用、服务形式、服务章程和管理规范，宣传先进典型，让广大橘农熟悉、了解和接受这一新生事物。

（三）制定扶持奖励政策

每年年底由市政府对服务好的乡镇托管社进行考核评比，对前5名的柑橘托管社给予每个1万元的奖励。对有固定的服务场所、有一支服务队伍、有一套机器设备和作业工具、有一定的服务面积的服务队县（市、区）政府给予每亩5～10元的奖励，享受农业龙头企业的待遇。把托管社和服务队的建设列入各级政府农业目标责任制考核。由农业部门对队员定期和不定期培训、对服务队购买先进实用的大型生产设备，给予50％的财政补贴，对带动作用强、服务上规模、促进橘农增收明显的服务队给予奖励。防止服务队建设只注重形式，起不到应有的作用。服务队能否生存主要取决于其自身的技术资金实力，能否为橘农提供优质的服务，生产高品质的柑橘产品。防止个别地方为了应付农业考核和套取扶持政策，对服务队的建设重成立、轻管理，重形式、轻服务的现象。

（四）加强对服务队的服务、管理和监督

由于服务队是农民的合伙组织，若缺少监督和管理，难免不出现这样那样的问题。农业部门应帮助服务队完善规章制度，建立一整套行之有效的管理机制，定期和不定期培训队员，提高服务队的人员素质，并督促其在设备使用、人员管理、服务措施、收费标准等有章可循、有章必循，严格履行与橘农签订的协议，建立详细的服务台账。既要注重服务质量，又要对外进行宣传，扩大服务队的影响力。对服务队在从业过程中可能出现的不良行为及时制止，调解其与农民可能产生的纠纷，规范服务行为，促进其健康发展。加强资质评价体系建设。现在服务队的服务好坏、收费标准，主要由服务队按以往的惯例和经验定，由于服务队和委托的橘农是协议双方，容易产生矛盾，谁来验收都不合适。服务好坏、收费标准，应由第三方即中介组织决定较好。因此，要加强部门联合对其资质进行评价，符合条件的给予验收评价资格。

（五）要充分尊重农民的意愿，不能搞一刀切

促进柑橘流转和规模经营，提高柑橘综合生产能力和市场竞争力，是柑橘产业发展的一条必经之路，是各级政府有关部门惠及千家万户百姓的一项重要工作。但各地应从实际情况出发，充分尊重农民的意愿，在进行服务队建设推动橘园流转时，政府有关部门进行调查研究，了解农民的真实想法和意愿，工作应着重在宣传引导、重点扶持，以典型引路，让事实说话。允许农民有一个认识的过程，决不可搞一刀切。按照“依法、自愿、有偿”原则建设服务队。各服务队在橘农自愿的前提下，为橘农提供柑橘技术、管理等服务，并取得报酬，双方在事前应签订服务协议。

第二节　促进柑橘标准化生产，抓住品牌打造关键

衢州市现有柑橘面积3.42万公顷，正常年景产量约70万吨，总产值约10亿元。近几年来，随着市场经济的不断发展，柑橘市场竞争日益激烈，柑橘产业面临的形势不容乐观，种橘效益有所下降。柑橘市场的竞争实质成为柑橘质量的竞争、品牌的竞争和产业化程度的竞争。衢州柑橘通过实施农业标准化，加快了科技成果的转化，促进柑橘商品化、基地化和规模化的发展，提高了产品质量，培育了一批名牌，增强了在国内外市场的竞争力。

一、柑橘标准制定情况

衢州市种植柑橘有1 400多年的历史，但是形成商品并成为农村的主导产业却是改革开放以来的30多年。衢州柑橘虽然总体规模大，但实质是千

家万户的小规模分散经营，经营者素质不一，想法千差万别，加上受短缺经济下形成的“只求数量、不讲质量”思想的影响，技术难到位、投入难到位、管理难到位，造成柑橘品质难提高成本降不下，在国内外市场的竞争力不强，种橘效益难以体现。其他产业也存在类似情况和问题。

针对以上情况，衢州市委、市政府在工作实践中充分认识到，在以家庭生产为主要经营方式的情况下要形成农业的规模经济效益，实现效益农业，应当充分运用农业标准化的协调优化功能，发挥实施标准的整体效能。衢州市标准化工作方针是“选准一个农产品，制定一套系列标准，建立一批示范园，发展一个产业，争创一个名牌，致富一方百姓”。制定农产品质量标准，建立严格的生产规范，按照产业化的要求，把基地、农户、品牌和市场有机结合起来，推进农业产业化和农产品名牌战略。柑橘作为衢州农村的主导产业，在标准的制定和实施上走在前列。1996年9月6日，衢州市首个农业标准——《常山胡柚》省级地方系列标准发布。2003年11月，《原产地域保护产品——常山胡柚》国家强制性标准正式发布实施。以后，《一品红椪柑》《绿金脐橙》《柑橘“三疏一改”技术规范》等省级地方系列标准相继发布并实施。2014年《衢州椪柑生产技术规程》在原《一品红椪柑》的基础上进行了修订，将原来“果实按照规格分类”改为“果实按规格和等级分类”，并增加了无公害生产要求，适应了市场的需求。2015年制定发布了《衢州椪柑出口生产技术规范》衢州市地方标准。

农业标准化的关键是推广实施。因此，在制定柑橘标准时，力求“科学、适用、可操作”，不仅要水平先进，经济合理，而且通俗易懂，便于掌握。制定浅显易懂的生产技术标准模式，被农民称为“图先生”“明白纸”，如柯城区、衢江区的柑橘大户人手一套《衢州椪柑系列标准和栽培模式图》，常山县每户橘农都有一本《常山胡柚无公害模式栽培》小册子。

二、柑橘标准的实施与推广

（一）政府重视，组织协调

1997年开始成立了以市政府主要领导为组长，技术监督局和农业局为成员的推进农业标准化工作领导小组，各县（市、区）也成立了相应机构。加强协调部门关系，明确部门工作职责，相互配合，各负其责，做好标准化的宣传和群众的组织。并抽调农技人员和标准化技术人员组成专门工作班子，拨出专项经费，开展农业标准化的制定与推广。政府以发布行政文件和通告的形式，对一些经营行为进行强制规范，如套袋的常山胡柚，由于转色早、减酸快，部分商家在10月上中旬即开始收购，使套袋胡柚由于早采品质不佳而影响了市场声誉，扰乱了经营秩序。常山县政府于2001年发布通告，规定套袋胡柚要在10月31日以后采收。

（二）加强宣传，建立示范

市、县政府采取一系列农业标准化推行措施，组织多次农业标准化信息发布会，每个标准出台以后，本市都要组织人员到杭州、上海等产品主要销售地开展农业标准化宣传，如衢州椪柑、常山胡柚等优质产品推广会。采取多种形式，使广大基层干部与农民及时了解运用农业系列标准。一是健全推广网络，在市、县、乡、村开通“农技110”服务中心，创办了农家报，解答农民在生产经营中遇到的技术难题，广泛宣传各类农产品标准规范。二是举办多种形式的培训班，提高基层干部与农户的标准化意识与技能。三是建立示范基地，每个标准做到了市、县有示范区、乡有示范片、村有示范点，按标准生产、按规范操作。大大提高了技术的覆盖面和到位率。

《椪柑“三疏一改”技术规范》建立后，为推广这一农业地方标准，1999年3月，衢州市专门拍摄了电视专题片，在电视上反复播放近半个月，同时成立了以市委书记为组长的领导小组，专门召开了广播电视现场直播动员大会，组织市、县、乡三级3 200余名机关干部和农技人员深入到1 137个行政村，指导农民实施技术标准。

衢州市建立了衢州椪柑标准化示范基地1 067公顷，常山胡柚标准化示范800公顷，柑橘“三疏一改”标准化示范基地1 333公顷。全市柑橘标准化技术应用面积达到18 667公顷，其中，4 533公顷实现标准化生产。

（三）开展竞赛，表彰先进

农民是柑橘生产的主体，也是标准化建设的主体，为使标准化“化”到千家万户，落到实处，衢州市一方面加强示范基地建设，进行“统一标准、统一技术、统一采摘、统一验收”的“四统一”管理，另一方面以标准化为内容，广泛开展竞赛活动，即将标准和技术规程印发到橘区农户，积极引导橘农学标准，用规程，并鼓励农技人员挂村连户，经评比后对优胜基地和农户进行奖励。

（四）发挥龙头企业、专业合作社场和产业协会的示范带动作用

单个农户分散经营管理的小生产难以适应千变万化的大市场。而农业龙头企业、专业合作社、家庭农场和产业协会，一头连接农户、基地，一头连市场，为农户提供产前、产中和产后服务，能有效地把柑橘生产、加工和销售纳入标准化管理，解决柑橘业“生产管理难协调、标准化技术规程难到位、市场销售难统一”的矛盾，提高产品质量和档次，增强产品的市场竞争力。农业龙头企业在柑橘的采后商品化处理的发展方面起了至关重要的作用。

三、柑橘标准化工作建设的成效

（一）提高了柑橘果实品质和效益

实施农业标准化以后，从市场需求出发，基地内从苗木到栽培到果实贮藏保鲜、商品化处理及销售都严格按照标准进行管理。主要品种椪柑和胡柚的内在品质、外观以及贮藏保鲜、运输、分级包装等都有很大的改进，优质果品率、市场知名度、市场占有率都有提高。据实际测定，常山县的10大胡柚重点示范基地平均亩产量达2 000千克，比对照高出800千克，二级果以上的优质果比例达90％以上，比对照高出25个百分点，其中，一级果达85％，比对照提高45～55个百分点，亩增效益549元。衢江区的椪柑优质果品率由45％提高到60％，亩增效益392元。

（二）促进了生产经营方式的转变

成立了各级柑橘产业协会6家，柑橘合作社30余家。采用土地“返租倒包”和橘树入股等形式，推动橘园向懂科技善经营者流转。柑橘科技服务得到发展，采取全程托管、半托管（技物结合、单项技术服务、技术承包）等多种形式的橘园保姆式管理，促进经营规模的扩大和生产方式的转变。

（三）促进产业链的延伸

本市在实施柑橘标准化后，在建立标准化示范基地的同时，推动了采后商品化处理及深加工的发展，产业链条不断延伸，效益农业的内涵得到扩大与丰富。据不完全统计，现全市共有选果机130多台，年处理加工柑橘鲜果

30余万吨，柑橘果实的商品化处理率超过50％，居全国领先水平。涌现出柑橘采后商品化处理专业村——柯城区姜家山乡柴家村，全村人口仅700多人，现拥有柑橘采后商品化处理生产线37条，年加工处理柑橘近10万吨，销售额2亿多元，全村柑橘加工处理实现净利约1 000万元，全村平均每人增收1万多元。该村年出口柑橘达1.6万吨，创汇1 000多万美元。

（四）培育了品牌，壮大了龙头企业

常山胡柚和一品红椪柑多次获浙江省优质农产品金奖，并被认定为全国名牌产品。全市共有10家柑橘企业被评为市级以上农业龙头企业，其中国家级农业龙头企业1家，省级农业龙头企业2家。

四、柑橘标准化工作建设对策

本市柑橘标准化工作做到了“工作有位置，实施有班子，示范有牌子，农民手里有册子”，取得了一定成效，但也存在一些问题，如标准制定还没有完全与国际接轨，检测体系和评价体系缺少，实施不够有力，普及不够广泛，尚不能成为橘农的自觉行动。因此，在标准化建设中采取以下对策：

（一）与时俱进，建立健全柑橘标准化体系

积极研究和参照柑橘生产先进国家的标准，特别是要确保与国际食品法典委员会关于食品的标准、国际植物保护联盟关于植物健康的标准和国际标准化组织等方面的标准配套，不断吸收柑橘生产中新的科技成果与实用经验，针对出口目标国对柑橘的质量安全要求，以市场为导向，以质量为中心，以科技为动力，以生产为基础，及时修订已有标准。要把柑橘生产、加工、贮运和销售全过程纳入标准化管理轨道，完善柑橘检测体系和评价体系，尽快形成与国际接轨先进实用的标准体系，为全市柑橘提高竞争力占领国内外市场打下良好基础。

（二）部门协调，整合资源，为标准化建设提供优质服务

作为地级市，农口部门的种子、植保、土肥、畜牧以及环保分别建立了各自的检测化验室。但由于经费、人员和技术的不足，不能有效地开展服务，造成了设备仪器的闲置浪费，应进行统一协调，整合资源，成立衢州市农产品检测服务中心，结合生产的实际需要，开展柑橘投入品、生产环境、

产品等的检测分析服务，使柑橘生产销售从凭经验到靠数据，是柑橘标准化建设的基础。明确职责，切实加强各有关部门协调配合，加大执法力度，把好农业投入品管理、生产加工销售全过程质量控制和市场准入3个关口，确保农产品质量安全。

（三）制订政策，扶持龙头企业和各类经济合作组织发展壮大

衢州市柑橘实施标准化最大的制约因素是户有橘树分散、经营规模小，只有通过龙头企业建基地、连农户或农户自我联合成立柑橘合作社或柑橘协会，标准化实施才有了物质基础和技术保障。在用地、用电、财政、金融和税收等方面制订优惠政策，扶持龙头企业和各类经济合作组织做大做强，充分发挥其带头示范作用。

第三节　建设生产基地和园区，增加品牌打造合力

品牌打造过程就是产业规模化、标准化、品牌化的过程。柑橘等鲜活农产品的品牌打造难度更大，最关键的环节就是如何围绕柑橘产业的转型提升和橘农增收，把一家一户的橘农联接到建设国家地理标志保护示范区和出口柑橘生产基地的活动中，在创建中普及质量意识、标准化意识和品牌意识，把农户的投入、政府的扶持、市场开拓结合起来，增加公共品牌打造的合力。

一、创建衢州椪柑国家地理标志产品保护示范区

（一）示范区创建背景

衢州椪柑2005年被认定为原产地保护产品，后统一为地理标志产品。2012年，为打造区域公共品牌，提升衢州椪柑产品形象与市场竞争力，扩大衢州椪柑出口，促进衢州柑橘产业减量提质、转型提升，衢州市人民政府启动衢州椪柑国家地理标志产品保护示范区创建，精心组织筹划，周密部署安排，认真制订实施方案，明确工作目标任务，责任分工落实到位，建立和完善了组织保障、技术标准、质量保证、检验检测、品牌宣传等一系列地理标志产品保护体系，切实维护了衢州椪柑地理标志产品的特色质量和品牌价值，较好地发挥了地理标志产品的保护示范引领作用。

（二）示范区创建主要内容

1. 建立组织保障体系

市政府成立示范区建设工作领导小组，下发示范区实施方案，明确建设工作目标任务，落实工作责任。

2. 建立产品技术标准体系

通过制定统一的生产技术规范和操作规程，加强地理标志产品技术标准体系建设，形成以省级地方标准《衢州椪柑生产技术规程》为主体的地理标志产品技术标准体系。

3. 建立产品质量保证体系

（1）加强对衢州椪柑种植基地的管理。一是建立衢州椪柑种植基地档案。二是严格按照生产技术规程的要求实施苗木栽培，包括苗圃地选择、砧木苗培育、嫁接、嫁接苗培育、嫁接苗出圃、定植、整形修剪、保花保果与疏花疏果、土肥水管理、病虫害防治、防止冻害等环节，并建立相关记录和台账。三是严格按照生产技术规程的要求实施衢州椪柑的采收、贮藏和保鲜技术，包括采收果实、贮藏保鲜要求、库房和贮藏用具的准备、防腐保鲜处理、预贮、分级和套袋、贮藏等环节，并建立相关记录和台账。四是统一采购化肥、农药等农业投入品并及时配送，建立农业投入品采购、领用、配制等记录台账，实施衢州椪柑病虫的统防统治，定期对植保技术员进行培训，指导农户实行统一时间、统一配药、统一治虫，并加强对农业投入品使用情况的监督检查。五是加强对衢州椪柑有害生物的防疫和检疫处理，使其符合我国和进口国有关动植物检疫的有关规定。

（2）加强对衢州椪柑加工环节的管理。一是严格按照生产技术规程的要求，加工场地环境、加工操作规范、产品包装材料等符合有关安全卫生标准的要求。二是严格按照生产技术规程的要求，实施衢州椪柑的分级、交收检验、型式检验、标志、包装、运输和贮存等，并建立生产过程、成品包装、产品出库等记录台账，严禁使用非法添加物，实现加工全过程的质量安全监控。三是严格按照专用标志使用管理的有关规定，做好专用标志申请、印刷或购买、使用等工作，并建立相关记录台账。

（3）建立产品质量安全追溯和诚信体系。一是建立了产品质量安全追溯的相关制度，并做好相关记录台账，确保产品的质量安全能进行有效追溯。

二是建立了企业诚信档案和产品质量信用记录情况台账。

4. 建立产品检验检测体系

（1）确定衢州椪柑检测机构。经浙江检验检疫局审核批准，衢州检验检疫局综合实验室成为衢州椪柑指定检测机构，承担衢州椪柑产品质量和安全卫生指标的日常检测，确保衢州椪柑的优良品质。

（2）帮扶企业建立自检自控体系。帮扶衢州椪柑龙头企业建立检测实验室，具备基本的检测能力。每批产品经生产单位质量检验部门检验合格，并附有合格证方可交收。交收检验项目包括果实规格、质量等级、可溶性固形物、净含量、包装和标志等。

5. 建立产品品牌宣传体系

（1）通过多种方式，加强对衢州椪柑地理标志保护示范区建设过程的宣传。

（2）制作示范区宣传牌和企业衢州椪柑种植基地宣传牌，加强对地理标志保护产品衢州椪柑的宣传。设立“衢州柑橘网”，并在“衢州柑橘网”上开通《衢州椪柑地理标志保护示范区建设》专栏。

（3）组织企业积极参与国内外重要博览会等专业展会和促销活动，宣传衢州椪柑地理标志品牌，提升衢州椪柑的品牌影响力。

（4）积极帮扶申请，提高专用标志使用率。为加快实施地理标志产品保护战略，扩大衢州椪柑专用标志的使用范围，通过商检、农业两部门联合行动，对地理标志产品保护范围内的衢州椪柑生产企业进行筛选，组织生产规模较大、具有自主品牌、基地管理规范、企业质量安全控制体系健全的衢州椪柑生产企业申请使用专用标志。

（三）示范区创建工作举措

1. 加强组织领导，确保建设组织保障

目标地理标志是一种公共资源，由该地域内符合条件的企业或企业组织所共用，如何发挥地理标志保护示范区的引领作用，助推衢州椪柑区域公共品牌发展，必须建立由政府主导、部门协同、企业参与的建设机制。衢州椪柑示范区建设对推进衢州椪柑规模化、标准化、产业化发展，提高产品品质和附加值，提升区域公共品牌知名度，扩大影响面，提高市场竞争力以及促进衢州百万橘农增收，涉及面广、关注度高、作用意义重大。为此，由市政府专门建立由分管副市长为组长、柯城区和衢江区政府、市农业、检验检疫、财政等各相关职能部门领导为成员的示范区建设工作领导小组，明确各部门的职责和责任分工，形成创建合力，齐抓共管、共同推进示范区建设顺利开展。

2. 制订实施方案，确保建设目标落到实处

为确保示范区的各项目标任务落实到位，保障示范区建设有计划有步骤顺利进行，由市政府出台了《衢州椪柑国家地理标志产品保护示范区建设实施方案》，建立政府牵头，各有关部门、生产企业共同参与的示范区建设工作协调机制。围绕示范区建设实施方案的要求，按照职责分工，指定专人负责，确保在规定时间内保质保量完成各项建设任务。

3. 加大支持力度，保障建设资金需求

根据本市衢州椪柑地理标志产品保护的现状，市、区（县）政府从农业转型升级专项资金安排资金用于示范区建设，主要扶持衢州椪柑地理标志产品技术体系建设、品牌宣传、技术培训、市场开拓等。

4. 加强宣传培训，树立良好品牌形象

在示范区建设过程中，各级政府及有关部门采用报刊、广播、电视、标语、黑板报和宣传牌、衢州柑橘网等多种形式，广泛宣传示范区建设的重要意义，增强橘农的标准化意识和品牌观念，营造良好的舆论氛围。每个衢州椪柑专用标志使用企业都在各自种植基地设立“衢州椪柑地理标志产品保护”宣传牌。在示范区的核心地带柯城区石梁镇基地树立了“衢州椪柑国家地理标志保护示范区”大型广告宣传牌，吸引了大量过路人的眼球，起到很好的宣传和推介作用，社会反响热烈。加大衢州椪柑生产企业的技术培训，涵盖生产环节技术管理、加工环节控制和产品质量追溯、专用标志使用等方面内容，提高主体品牌意识、质量意识和标准意识，为示范区建设提供技术支持和质量安全保障。帮助企业进一步健全“公司 + 合作社 + 农户 + 标准化 + 地理标志”的生产模式，建立农药使用台账、化肥使用台账、标志使用台账，实施统一标准、统一用药、统一施肥，规范基地农药化肥的使用，统一专用标志使用，建立产品质量追溯体系，广泛宣传地理标志产品保护工作，提高企业、农户对地理标志产品保护的认识，规范地理标志产品保护工作，树立良好品牌形象。

5. 加强工作督查，充分发挥产业协会作用

示范区领导小组办公室作为牵头责任单位，对示范区建设工作开展情况经常进行工作检查、跟踪督查，发现问题，及时进行通报整改。发挥市柑橘产业协会与柑橘种植大户、柑橘专业合作社以及千家万户的橘农联系比较密切的优势，让协会参与到示范区创建的协调工作中，与参加示范区建设的柑橘生产主体签订项目任务书，加强督促和检查，确保各项建设任务真正实施到位。

二、建设出口标准化生产加工基地

加入世界贸易组织后，衢州柑橘扩大出口的机遇来临，但同时橘农的意识、管理水平、基地建设不适应出口要求。2007年以来，衢州市按照国家2006年12月出台的《出境水果检验检疫监督管理办法》，加大了出境柑橘园的注册登记与出口标准化生产基地建设工作。

（一）找准市场定位，制订科学的柑橘出口策略

衢州柑橘出口目标和策略是做大做强东南亚市场，力争出口俄罗斯上台阶，开拓中东各国市场。

（二）研究集成先进生产技术，建立健全出口柑橘质量安全管理制度体系

1. 研究集成并推广病虫害绿色防控技术

全面禁用高毒、高残留农药，推广使用无公害农药；通过疏树、疏枝等科学修剪，“让每个橘子充分享用阳光”；实施配方施肥和增施有机肥技术，以增强树势、提高果实品质；加强对检疫性病虫害如黄龙病、果蝇等的监测与防控。开展病虫害的预测预报，适期防治以提高防治效果，结合农业措施，并推广安装杀虫灯、悬挂粘虫板等物理防治技术，改进施药机械和施药技术，提高柑橘病虫害综合防治的水平。严格实施农药安全间隔期制度，在10月上旬后橘园停止使用化学农药。

2. 建立并健全出口柑橘质量安全管理体系

建立橘园投入品安全使用管理制度、生产档案制度、废弃农药瓶（袋）回收制度等，构建出口柑橘质量安全管理体系。

3. 在出口柑橘基地推广病虫害统防统治技术

组建柑橘科技服务队，在专业的植保员指导下，实行“统一配方、统一浓度、统一时间”防治橘园病虫害，为出口柑橘基地的质量安全提供保障。

（三）加大出境柑橘园注册登记工作

1. 进一步加大对出口柑橘基地建设和开拓市场的扶持和引导

政府相关部门组织出口柑橘基地管理培训班。主动对接口岸检验检疫机构，畅通出口渠道。现场联合办公，解决企业在出口过程中遇到的实际困难。

2. 建立完善风险预警机制，加大源头监管的力度和能力

检验检测部门抓紧收集国外的植物检疫要求和农药残留限量标准等信息，提高检验检疫工作的针对性和有效性。尤其关注国外通报的违规信息，及时将其纳入风险预警的内容，通报相关部门和企业，研究部署相关对策，改进出口柑橘基地和包装厂的管理。检验检疫局加大与农业部门合作的力度，确保所有出境柑橘园使用的农药来自经农业部门认可的农资供应商。加强对出境柑橘园及包装厂的监管，把出口柑橘质量安全管理制度落实到日常工作中。

3. 促进橘园有序流转，扶持柑橘专业合作社建设

进一步完善柑橘托管机制，发挥科技服务队、柑橘专业合作社的作用，促进橘园的有序流转，同时鼓励橘农按自愿、有偿、合法等原则自行调换橘园或对外承包，当地基层政府妥善处置在橘园转让中出现的问题。因地制宜推广“公司＋基地”、“公司＋合作社＋农户”、“公司＋农户＋基地”、“公司＋技术服务队＋农户”等各类基地建设模式。

4. 加大出境橘园备案管理制度，不断提高基地管理水平

在每个备案的出境柑橘园显著位置立一块牌子，牌子上分别标有果园名称、果园面积、监管部门及联系电话等内容，接受社会监督。每家农户都有一本《种植记录手册》，上面详细地记载着每次使用农药的种类等相关信息。完善基地生产管理制度，基地实行“四统一”管理，即“统一产品质量标准、统一生产资料供应、统一生产管理措施、统一品牌进行销售”，把对环境友好的各种先进适用技术措施融入到各类生产管理制度和农残控制制度，科学施肥用药，降低成本，提高效率，促进基地管理水平的快速提高，保障基地产品质量安全。

5. 进一步强化培训，促进先进实用技术的应用率

加大对出口企业和包装厂的负责人的培训，主要培训出境果园和包装厂的要求及技术、病虫害统防统治和绿色防控技术、出口柑橘基地栽培技术规程。出境包装厂不但在硬件上符合要求，还要在人员配备、溯源体系等方面进行规范。而对生产基地的植保员和生产骨干主要培训农药肥料安全使用技术、生产管理操作技术、绿色食品有机食品生产技术。

（四）推广良好农业操作规范（GAP）认证，获得打开国际市场的钥匙

推行良好农业规范是国际通行的从生产源头加强农产品和食品质量安全控制的有效措施，是确保农产品和食品质量安全工作的前提保障。支持柑橘龙头企业建立完善柑橘生产基地质量安全管理制度，进行 GAP 认证。

（五）加强柑橘冷链物流和包装厂建设，改善出口柑橘基础设施条件

衢州椪柑出口优势是耐贮藏，在翌年2月以后风味更优，其出口高峰期在翌年的2～5月，但由于缺乏冷链物流系统，4月以后的果实品质难以保证，影响出口进一步上台阶。要加快柑橘适温冷链物流系统建设，完善配套设施建设，为进一步发挥衢州椪柑耐贮优势提供保障。支持柑橘主产区交易集散地建设冷链设施，进一步提高柑橘储藏水平，延长柑橘保鲜期，增强市场竞争力。同时要加强柑橘标准化包装厂建设，除了生产车间布局合理、清洁卫生、物流畅通、储存库齐备外，还需建设更衣室、洗手台等配套设施以及周边环境绿化洁化美化。引进重量（弹簧）式分级机以替代目前广泛使用的孔径式分级机，以适应椪柑等宽皮柑橘的选果分级包装，避免在分级包装时对果实造成损伤。

（六）外引内联培育主体，建设出口柑橘人才队伍

通过招商引资，引进专营柑橘鲜果出口业务的大中型企业，借助其通畅的出口渠道、娴熟的出口业务，带领本地柑橘企业共同开拓国际市场。鼓励出口柑橘企业申报自营进出口权，引进培养外贸高级人才以及质量自检员、报检员，加强包装工的培训。组织出口柑橘企业负责人赴先进产地考察对接，参观学习注册登记的出境柑橘园和水果包装厂的管理，并赴印度尼西亚、马来西亚、俄罗斯等柑橘市场考察交流，了解国际市场对柑橘质量安全的要求，结识水果经销客户，建立外销渠道。支持出口柑橘企业参加国际食

品展。建设利益共享、风险共担的“出口企业＋包装厂”的联合体机制，成立出口柑橘协会以加强行业联合及自律，避免无序竞争。

第四节 实施区域品牌战略，打造衢州椪柑区域公共品牌

衢州市是浙江省最大的柑橘产区，椪柑是衢州柑橘主栽品种，占全市柑橘种植面积的60％以上。1999年以来，衢州市着力实施区域品牌战略，打造衢州椪柑区域公共品牌。

一、区域品牌建设背景

在1949年后的30年，衢州柑橘面积不足667公顷，年产量不及1万吨。衢州柑橘，尤其是椪柑是从20世纪70年代末开始大规模发展的，由于采用枳砧嫁接、早结丰产和增施有机肥等先进实用技术，衢州椪柑迅速成为本市第一大柑橘主栽品种。衢州椪柑鲜果品质优．耐贮藏，销往北京、天津、上海、山东、辽宁、黑龙江、陕西、河南和吉林等全国23个省（区、市），并批量出口俄罗斯、加拿大和东南亚等国家和地区。

衢州市委市政府高度重视柑橘产业的发展和技术进步，在市委、市政府的坚强领导和强力推动下，1999年起衢州市率先在全国推动柑橘"三疏一改"技术，千家万户橘农通过“疏树、疏枝、疏果和改偏施化肥为增施有机肥”，柑橘品质得到明显提高，市场竞争力得到大幅提升，柑橘效益有所增加提升。2009年开始实施柑橘产业转型提升活动，按照减量提质的总体思路，进行“控面积、调结构、提品质、树品牌、扩加工、促出口”，将不适合种植柑橘的低洼地、风口及高海拔橘园实施退橘还经（林）；全面推广三疏一改技术；在示范基地推行病虫统防统治、测土配方施肥、反光膜覆盖增糖和设施越冬完熟栽培技术；培育新型经济主体，建设出口柑橘基地和精品柑橘基地。

经多年发展，衢州椪柑产业呈现以下几个特点：一是面积和规模略减，至2011年年底，全市椪柑橘面积2.25万公顷，比2008年减少了14.7％。二

是品质明显提升。近年衢州椪柑整体品质有较大提高，其优良品质为东南亚国家的消费者所认可，果实出口到印度尼西亚、菲律宾、马来西亚和俄罗斯等十几个国家和地区，2011年产季出口量达7.5万吨，比2008年翻了5番。三是经营主体逐步成长。全市从事椪柑生产、加工和销售的农户18.5万、农民专业合作社176家，其中，市级以上农业龙头企业12家。四是产地知名度、市场美誉度有所提升。通过原产地注册认证，衢州椪柑已成功获得原产地保护，成为地理标志农产品。衢州市被中国农学会等单位评为"中国椪柑之乡"。柯城区被农业部定为"浙南－闽西－粤东柑橘带"3个示范县之一而受到表彰。2013年12月，衢州椪柑被国家质监总局批准为国家地理标志产品保护示范区。

当前衢州椪柑产业也还存在一些亟须解决的问题：一是小规模、经营分散。户均种植面积仅0.13公顷，千家万户的小规模经营，技术标准实施、人力物力和操作管理都难以到位。二是基地建设亟须加强。精品柑橘基地和出口柑橘基地所占比重太小，阻碍了衢州椪柑进一步扩大出口和占领国内高端市场。三是经营主体素质偏低。组建的合作社大多有名无实，营销能力弱，形不成开拓市场的合力。四是品牌影响力有限。虽然柯城区柴家柑橘专业合作社以"衢州椪柑"品牌出口，并在东南亚地区赢得了口碑；柯城区新澳利水果专业合作社的"衢州椪柑"打进了上海、杭州、嘉兴等大中城市的超市，但品牌影响力总体偏低。

二、区域品牌实践

20世纪90年代中期，随着全国柑橘栽培总面积的迅速扩大和产量的剧增，柑橘市场竞争日趋激烈，衢州椪柑也不再是"皇帝女儿不愁嫁"，卖难问题也逐渐显现。如何打造品牌，扩大衢州椪柑的市场份额，成了政府和柑橘业人士的共识。1992年由原衢县农业局、科委、县供销社等3个部门组成了"衢县椪柑集团公司"；1996年，县农业局成立"衢县一品红椪柑有限公司"，注册了"一品红"椪柑商标，注册人为"浙江省衢县柑橘技术开发中心"；2000年，"衢县一品红椪柑有限公司"改制为私营企业，"一品红"商标转让注册，受让人为"衢县一品红椪柑有限公司"。2002年"衢县一品红椪柑有限公司"更名为"衢州市衢江区一品红果业有限公司"，同年9月"一品红"商标变更注册人为“衢州市衢江区一品红果业有限公司”。“一品红”是衢江区最早注册的柑橘商标(第三十一类),到现在已有15年历史,是我市历时最长、使用量最大的柑橘品牌(商标)。“一品红”商标注册后,在政府的品牌战略推进下,通过质量评比、媒体宣传、举办椪柑节、参加农博会等品牌推介活动,知名度很快提升,成为在浙江省内具有较高声誉的柑橘品牌。历年来,“一品红”椪柑代表衢县(衢江区)参加各种农博会、农展会等,并多次获得金奖及其他荣誉,如浙江省名牌农产品、浙江省十大名牌柑橘,“一品红”牌商标被评为浙江省著名商标,一品红公司成为浙江省级农业龙头企业。到20世纪末,由于经营体制机制、管理等原因,一品红公司经营面临困境,最终导致改制,成为私营企业。2005年以后,一品红公司经营蔬菜加工和设施果蔬生产,“一品红”牌椪柑也渐渐淡出了人们的视野。

“一品红”品牌在创建初期,通过政府的强势运作,取得较明显的成效,初步树立衢州优质椪柑形象,促进了椪柑增效、橘农增收。但在“一品红”商标转为企业的专有商标运行后,政府实施品牌战略打造公共区域品牌的初衷与品牌私人归属的矛盾难以调和,再加上企业不能有效地进行品质管理、品牌营销和提升市场竞争能力,“一品红”品牌逐渐失去了价值。

“一品红”品牌没有打造成功的教训:一是将“一品红”品牌转让给一家企业所有,这是其失败的主要原因。区域品牌的命运维系在一家企业的兴衰上,由于这家企业经营转轨转行,使得品牌的影响力从大到小,从小到微。二是没有打造区域品牌的正确思路而一以贯之。与企业的产品品牌不同,区域品牌是公共品牌,需要政府主导,以寻找打造区域品牌的正确思路从而形成合力,并坚持实施数年才能有所成就。各级领导虽然也很重视公共品牌的打造,但具体思路和想法不统一。三是投入不足。前期政府在举办椪柑节、参加各种展示展销会、在主要销地市场进行品牌宣传投入较大,但中后期基本没有投入。

三、区域品牌建设条件

衢州柑橘有1 400多年的悠久历史。明清时衢州柑橘傲据群雄、闻名天下,明代何乔远在《闽书》中称:“近时天下之柑,以浙之衢州、闽之漳州为最。”李诩《戒庵漫笔》云:“柑与橘类,而皮壳略异,温、衢最多佳品。”可见衢州柑橘在古代就已是名产地。而且衢州生态自然条件良好，衢州市年平均温度17.3℃，年降水量1 542～1 763毫米，年日照时数1 781.7～2 118.6小时，年均辐射量每平方米4 566.2焦耳，为浙江省辐射高值区，光温充足，促进了衢州椪柑规模化发展。衢州椪柑的区域品牌建设还有以下基础。

一是衢州椪柑整体品质较高。衢州椪柑产业历经风雨，从20世纪的早结丰产、品质改进以及新时期产业全面转型提升，产业化程度有了较大的提高，整体品质有了较大的提升。衢州椪柑已具有自己特有的品质：元旦至春节前后为最佳食用期，果皮橙黄、汁多味浓、肉质脆嫩、清香宜人；果实贮藏性好，春节后漳州芦柑果实变软、风味变淡，而衢州椪柑还具有较好的果实硬度和甜酸适口的品质，逐渐被加拿大和东南亚等国家地区的消费者所喜爱。而且衢州市作为全国九个生态环境良好示范区之一，拥有71％的森林覆盖率和优质地表水等无污染的良好环境，是生产“三品一标”（无公害农产品、绿色食品、有机食品和地理标志农产品）优质椪柑的适宜地区，全市获得“三品一标”农产品的衢州椪柑有16家企业，“三品一标”生产基地面积2 000公顷，通过注册登记的出境椪柑园1 735公顷，精品衢州椪柑销售价达到了20元/千克。

二是经营主体的组织化程度有较大提高。20世纪80—90年代，衢州一批橘农当起了经纪人和贩销户，走南闯北销售衢州椪柑，不仅赚到了产后利润，也开阔了眼界，初步了解到柑橘市场及开拓市场的方法。随着柑橘产业化发展和市场竞争的加剧，本市橘农积极组建农民专业合作社，柯城区柴家柑橘专业合作社、衢江区耀飞柑橘专业合作社、浙江金明生物科技有限公司、柯城区新澳利水果专业合作社、衢州佳农果蔬专业合作社等一批产加销龙头企业和农民专业合作社得到发展壮大，成为推动衢州市柑橘产业规模化发展的主力军。2000年，衢州市柑橘产业协会成立，协会致力于团结各龙头企业和柑橘专业合作社，提升衢州柑橘的质量和市场竞争力，现有会员126个。

三是市场竞争力有较大的提高。“柴家”、“新澳利”、“钱江源”、“衢江红”等品牌在市场上有了一定的知名度，衢州椪柑畅销北京、上海、哈尔滨、西安等全国30个大中城市，在这些城市的销售量从2005年的11.2万吨增加到2010年的20.5万吨。衢州椪柑砂囊年加工量达到5万吨，金明牌衢州椪柑砂囊在国内同行业中有了名气，并出口到德国和中东等国家和地区。衢州椪柑以前出口都是为外地的外贸公司提供原料，加贴外地产品商标出口，2009年以来衢州椪柑的优良品质逐步为加拿大和东南亚国家的消费者所认可，国外市场份额迅速扩大，2011年衢州椪柑自营直接出口量达到7.5万吨。

四是打造区域品牌的良好氛围已经形成。衢州椪柑品牌建设得到衢州市委、市政府的高度重视，也被社会各界广泛关注。在衢政发〔2009〕1号文件明确提出，要扶持柑橘产业的转型提升和统一品牌。衢州市委、市政府非常关注衢州柑橘等传统主导农业产业的品牌打造，农业、商检、质监和工商等部门就统一柑橘品牌打造衢州椪柑区域品牌进行了相关的调研及会商。近几年来有较多的人大议案、政协提案专门要求统一柑橘品牌、树立产地形象。柑橘经营主体也逐步达成了共识，没有区域品牌，鲜活农产品的效益就上不去。

目前，衢州椪柑打造区域品牌虽然已经有了良好的基础，但同时也面临着几个不利因素：一是农户的园地太分散，造成了衢州椪柑小规模分散经营，户均面积只有0.13公顷，而且大都分散在好几个地方，形成了实际上的小规模分散经营，病虫统防统治和新技术标准化推广等难以实施，导致果实品质参差不齐，严重影响打造品牌。二是我市椪柑园大多基地设施薄弱，不通路的橘园占了20%，无水源或无灌溉设施的橘园占70%，影响果实品质的进一步提高。三是衢州椪柑鲜果具有采摘后经贮藏后熟而品质变优的特点，在保持品质一致上有难度。四是近几年来各柑橘产加销经营主体在实际的生产经营中各自为政，自己注册商标，打自己的品牌，标准不统一，产品批量小，难以在消费者心中留下深刻印象，品牌影响力分散。

四、区域品牌建设的定位与思路

农产品品牌建设包括品牌设计、品牌认知、品牌定位、品牌传播和品牌维护等各个环节。我国农产品品牌存在着战略导向不明确、产品结构趋同、市场细分不到位、品牌模仿多、个性特色缺失等不足，消费者的认同度和美誉度不高，尤其是欠发达地区这一现象更为严重。

衢州拥有得天独厚的自然生态条件，是《全国生态环境保护纲要》所确认的九大生态良好地区之一，为国家历史文化名城，在柑橘生产上有一定的知名度。因此，衢州椪柑实施区域品牌建设的总体定位为“通过精品衢州椪柑统一品牌，树立产地整体形象，提升产业层次，促进产业增效、橘农增收”，基本思路为“发挥比较优势、建设精品基地、统一品牌营销、开拓高端市场”。

公共品牌不能由某个具体的企业独占，而应由龙头企业和规范性合作社共同拥有，共同维护其公信力和品牌价值。根据衢州椪柑产业发展的实际情况，借鉴以往的经验，衢州椪柑实施区域品牌建设原则是“政府主导、协会运作、主体参与”。

政府主导。鲜活农产品的区域品牌建设是一个系统工程，衢州椪柑产业涉及到柑橘业增效、广大橘农增收的问题，市政府应加强指导，加大投入，有效发挥统筹、协调、组织、服务等宏观职能，在规划制订、品牌宣传、品牌维护上下功夫，大力推进衢州椪柑的区域品牌建设。

协会运作。衢州椪柑区域品牌是公共品牌，事关整个行业的发展和广大椪柑经营主体的利益，所以，其实施的主体应为代表各经济主体利益的衢州市柑橘产业协会。协会应申报衢州椪柑证明商标，制定衢州椪柑证明商标的使用规章，建立健全商标管理工作机构，维护衢州椪柑证明商标市场信誉。

主体参与。按照衢州椪柑标准进行衢州椪柑生产、加工和营销的龙头企业和专业合作社，愿意遵守协会商标管理规则，都可以申请使用衢州椪柑证明商标。这些企业或建设稳定的生产基地、或有稳定的出口渠道，都有借助衢州椪柑地理标志证明商标提高产品的价值、开拓新市场的动力。

五、区域品牌建设主要措施

衢州椪柑属鲜果，它与茶叶等经加工的农产品不同，质量难以控制，所以打造品牌的难度更大。品牌建设是一个系统工程，涉及面广、建设周期长、投入大，质量是品牌建设的基础。

（一）切实加强领导，形成工作合力

衢州椪柑是衢州市农业主导产业，经过近年来的转型提升，产业发展已取得明显成效，打造品牌已成为当前产业发展最为迫切的中心工作。建议市政府成立农产品品牌建设领导小组，成员由农业、商检、质监、工商、财政等部门分管领导组成，在品牌建设的主体培育、标准制定与实施、商标注册

与管理、市场开拓及品牌维护、出口基地提升等方面分工负责、形成合力，推动衢州椪柑区域品牌建设快速发展。

（二）科学制订品牌建设工作方案，突出工作重点

一是制订衢州椪柑区域品牌建设规划方案，品牌是产业的重大资源，也是产业化发展的关键环节，产业品牌布局规模工作非常重要。规划要对产业发展规模、精品示范基地分布、品牌建设培育的主体、品牌建设步骤等作出预计与安排。二是注册衢州椪柑证明商标。衢州椪柑已是地理标志产品，但尚需要注册证明商标作为公共商标使用。其标示的文字、图案应具体、形象、有视觉冲击力。三是修订及发布衢州椪柑地方标准。本市已有“一品红”椪柑省级地方标准，但该标准为20世纪90年代制定，若干内容已不适应现在的生产实际。作为一个公共品牌，衢州椪柑必须有规范的标准，为各生产企业和农民专业合作社进行生产经营管理提供操作指南。衢州市柑橘产业协会应组织有关专家以“一品红”椪柑省级地方标准为基础，从果实的质量卫生标准、育苗、栽培技术、产地环境和病虫害防治，到果实采收、贮藏保鲜等各个方面进行修订，并通过质监部门发布。四是制订衢州椪柑品牌营销管理方案。衢州椪柑属鲜活农产品，证明商标和地理标志都属于集体权性，如何进行管理值得重视。要吸收国内外有关经验教训，科学制订衢州椪柑品牌营销管理方案，避免走弯路。

（三）加强品牌管理，提升营销水平

建立完善衢州椪柑品牌产品技术标准体系、质量保证体系和检验检测体系，提高品牌产品质量监测能力，规范品牌产品的标准化生产，完善专用标志的印刷、发放和使用监管机制，提高品牌的示范带动作用和市场影响力。品牌还体现在对质量标准的严格把握和对消费者的关爱与负责，管理工作十分重要，必须施行动态的严格管理，更何况相关资质认证也不是一得定终生。严格品牌使用的门槛，只能由有资质的主体应用，产品来自精品基地，防止非基地产品混入，影响品牌价值与形象。考虑从地理标志产品名称及证明商标的管理体制、原则和程序、产品监控和专用标志制度等方面进行严格规范管理方法和程序，使其保护有法可依，有章可循。相关职能部门可考虑实行年检制度，并定期将年检结果公之于众，保护地方品牌才会真正具有长

远成效。在营销上要细分市场，改坐等客商上门营销方式为代理店营销及送货上门，在各大中城市建立衢州椪柑直销网络。为了提高品牌的知名度，要加强品牌营销策划，通过举办新闻发布会、全国柑橘年会、柑橘采摘游等活动，树立产地形象，提升品牌价值。

（四）努力增加投入，确保工作顺利推进

衢州椪柑的区域品牌建设需要政府加大投入，以推进品牌的有效管理和市场推广。尤其是区域品牌的宣传推介，需要政府主导、企业配合，将品质、文化注入品牌，以提高衢州椪柑区域品牌的市场知名度和消费者的美誉度。

柑橘生活篇

第一章　柑橘文化

中国柑橘栽培历史悠久，柑橘科技方面领先于世界。长期以来，在中国人的生产生活中柑橘具有重要作用，因此创造出灿烂辉煌的柑橘文化。当前挖掘开发我国柑橘文化资源，有助于提升我国柑橘产业市场竞争力。

第一节　我国柑橘栽培历史悠久

一、古书记载

据古籍《禹贡》记载，在 4 000 年前的夏朝，江苏、安徽、江西、湖南、湖北等地生产的柑橘，已列为贡税之物。到了秦汉时代，柑橘生产得到进一步发展。《史记・苏秦传》（西汉司马迁著，成书于公元前1世纪）记载有："……君诚能听臣，燕必致旃裘狗马之地，齐必致鱼盐之海，楚必致橘柚之园，韩、魏、中山皆可使致汤沐之奉，而贵戚父兄皆可以受封侯"，说明楚地（今湖北、湖南等地）的柑橘与齐地（山东等地）的鱼盐生产并重。20世纪70年代出土的长沙马王堆西汉古墓文物有香橙种核，竹简上有"橘"字样。近年来在广西贵县罗泊湾西汉古墓中也发现了保存较完好的柑橘种子，说明我国柑橘栽培在西汉时期已相当普遍了。晋代文学家左思《蜀都赋》有"家有盐泉之井，户有橘柚之园"之句，是描写当时成都地区柑橘的盛况。西晋之时，各柑橘主产地已设置"橘官"（官名最早置于汉代，主贡御橘），专门管理柑橘生产、征收赋税、贡奉皇室等事项。

二、中国对世界柑橘的贡献

《周礼・考工记》记载"橘逾淮而北为枳……此地气然也"。枳砧橘苗引到淮河以北栽植，不耐寒的接穗冻死了，而耐寒的枳砧萌发了新梢，说明我国早在2 000多年前已掌握了柑橘嫁接技术。南宋永嘉太守韩彦直所撰《橘录》则是世界第一部柑橘学专著，共3卷，阐述了柑橘的分类、品种名称、性状和柑橘栽培技术等。

生物防治是现代的一项先进农业技术，我国早在西晋时期就已有一定认识，并在生产中运用。《南方草木状》（公元304年成书，嵇含著）记载有："交趾人以席囊贮蚁禽于市者，其窝如薄絮，囊皆连枝叶，蚁在其中，并窝而卖。南方柑橘若无此蚁，则其实皆为群蠹所伤，无复一完者矣。"据考证，此为黄猄蚁防治柑橘树虫害的方法。唐代段成式所著《酉阳杂俎》和刘恂所著《岭表录异》都有类似记载。此生物防治法至今仍为广东、福建一些地方的果农所采用。在国外，直到19世纪才有类似生物防治的记录。

我国古代橘农创造有效的防寒避冻技术。早在汉代就开始采用营造防护林为柑橘避风抗寒。元代杨载的五言诗《橘中篇》写道："杂树作藩屏，青红间绸缪；其中植橘抽，护蔽枝叶稠；盛夏开白花，朱实悬高秋。"成书于北宋的《文昌杂录》记载了利用水体小气候避冻栽培柑橘的方法。在古代披草帘、搭暖棚为柑橘防冻，美其名"为木奴著袭。"这些劳动人民创造的防冻技术至今仍在产区使用。

我国古代的柑橘分类学在世界处于领先地位。公元前三世纪战国时代，先民就知道橘、香橙、枳是属同一类的果树。成书于南北朝时代的《异苑》中分出了"柑、橘、橙、柚"。唐书《本草拾遗》中记载了"朱柑、乳柑、黄柑、石柑、沙柑"等5种柑类和"朱橘、乳橘、塌橘、山橘、黄淡子"等5种橘类，并描述"岭南有柚大如冬瓜"。《橘录》则记载了"真柑、生枝柑、海红柑、洞庭柑、朱柑、金柑、木柑、甜柑、橙子、黄橘、塌橘、包橘、绵橘、沙橘、荔枝橘、软条穿橘、油橘、绿橘、乳橘、金橘、自然橘、早黄橘、冻橘、朱栾、香栾、香圆、枸橘"等 27 种柑橘及命名依据，从果实大小、果实形状、果皮色泽、剥皮难易、囊瓣数目、口感风味、种子多少、成熟早晚和树冠形态等方面来描述品种的特性，为现代柑橘分类学奠定了坚实的基础。

我国古代柑橘贮藏保鲜技术独有特色。唐代徐炫的《五代新说》记载："隋文帝嗜橘，蜀中摘黄柑，皆以蜡封蒂献，日久犹鲜。"说明当时人们就了解保护果蒂进行果实贮藏保鲜的方法。明代刘基的《卖柑者言》所述"……善藏柑，涉寒暑不溃。出之烨然，玉质而金色……剖之，如有烟扑口鼻，视其中，则干若败絮……金玉其外，败絮其中……”，是世界上最早对柑橘枯水现象进行描述的文字。

我国是世界重要的柑橘起源中心之一。大约在公元前200年，中国柑橘由丝绸之路从四川、陕西经古波斯、希腊传到罗马。考古发现在罗马公元1世纪爆发的火山废墟中有酸橙或甜橙的种子。葡萄牙人 Ferrari 的《柑橘》一书（1646年，欧洲最早的柑橘学专著）记载：1520年葡萄牙人将柑橘从东方引入欧洲，而当时正值葡萄牙帝国侵略我国台湾、广东、福建沿海地带。约1565年，柑橘从欧洲引到北非、美洲和澳大利亚。美国是1565年先在佛罗里达州栽种柑橘，至1769年才引入加利福尼亚。泰国、马来西亚、印度尼西亚、菲律宾及南太平洋诸岛的柑橘，是从我国南部的福建、广东等地传播过去的。章文才（1904—1998）曾指出：根据高桥郁郎记载，温州蜜柑是在五百多年前日本僧人到浙江天台山进香，引种栽培在日本南部九州的鹿儿岛等地后发展起来的。

《橘录》先后被译成英、法、日等国文字，将中国的先进柑橘技术传播到世界各地。

第二节　柑橘文化发展

一、财富象征

早在公元前2世纪，司马迁的《史记·货殖列传》写道：“……蜀汉江陵千树橘，……此其人皆与千户侯等”。三国时期吴国丹杨太守李衡，在家乡湖南汉寿种橘千株，喻称“千头木奴”，作为家产馈赠子孙。柑橘是重要的经济作物，是致富树。地处浙江西部的衢州市在改革开放以后，率先将橘树从丘陵山地扩种至衢江沿岸的平地良田，20世纪80—90年代造就了大量的万元户，富裕起来的橘农纷纷造起了楼房，橘农把柑橘当作“摇钱树”、“养老树”而备加珍惜。

二、审美对象

柑橘因枝繁叶茂、岁寒不凋、树姿优雅、花香果美等“色、香、味、景”

四绝为人们所喜爱，为历代文人墨客所咏颂。最哙炙人口的当数宋代大文豪苏轼的诗句："荷尽已无擎雨盖，菊残犹有傲霜枝。一年好景君须记，最是橙黄橘绿时"（《赠刘景文》），至今仍被人传诵。晋代潘岳在《橘赋》中盛赞橘树之华、橘果之美："……嗟嘉卉之芳华，信氛氲而芬馥。既蓊茸而萋蕤，且参差而肃矗。已郁郁而冬茂，亦离离而夏孰。至如广命宾客，歴览游观。三清既设，百味星烂。炫熀乎玉案，照耀于金盘。故成都美其家园，江陵重其千树……。"从中人们也了解到当时达官贵人以橘树美庭院、以橘果宴宾客之情况。唐代诗人张彤的诗句"凌霜远涉太湖深，双卷朱旗望橘林。树树笼烟疑带火，山山照日似悬金。行看采掇方盈手，暗觉馨香已满襟"（《奉和拣贡橘》），则将柑橘的形、色、香描绘得粲然若现、令人向往。宋代欧阳修的诗句"嘉树团团俯可攀，压枝秋实渐斓斑。朱栏碧瓦清霜晓，灿灿繁星绿叶间"（《赋橙》），表现了作者对深秋橘树果实累累、叶绿果红景色的喜爱。"诗仙"李白的诗句"江城如画里，山晚望晴空。两水夹明镜，双桥落彩虹。人烟寒橘柚，秋色老梧桐。谁念北楼上，临风怀谢公"（《秋登宣城谢眺北楼》），则把江南橘乡的丰收与乡村美丽秋色描绘得美仑美奂，恰是一幅幅水彩写意画。南宋陆游的"园林垂橘柚，门巷落楸梧"〔《秋来益觉顽健时——出游意中甚适杂赋五字》（其二）〕，唐代李欣的"地里蒹葭渚，天边橘柚林"（《临别送张諲入蜀》）等均描写了柑橘美景。

柑橘更是历代知识分子借物咏志、抒发情怀的对象。战国时楚国诗人屈原撰写的《橘颂》寄托作者忠贞不二、热爱祖国的炽热情感，成为脍炙人口、流芳百世的不朽巨著——后皇嘉树，橘徕服兮。受命不迁，生南国兮。深固难徙，更一志兮。绿叶素荣，纷其可喜兮。曾枝剡棘，圆果抟兮。青黄杂糅，文章烂兮。精色内白，类任道兮。纷緼宜修，女夸而不丑兮。嗟尔幼志，有以异兮。独立不迁，岂不可喜兮？深固难徙，廓其无求兮。苏世独立，横而不流兮。闭心自慎，终不失过兮。秉德无私，参天地兮。愿岁并谢，与长友兮。淑离不淫，梗其有理兮。年岁虽少，可师长兮。行比伯夷，置以为象兮。唐朝诗人张九龄在《感遇十二首（其七）》中写道："江南有丹橘，经冬犹绿林。岂伊地气暖，自有岁寒心。可以荐嘉客，奈何阻重深。运命惟所遇，循环不可寻。徒言树桃李，此木岂无阴？"咏物言志，表达作者为橘树的傲霜斗雪精神深深折服，描述了其有报效国家的抱负志向而不能如愿的心境。

三、典故、传说与习俗

《晏子春秋》中的“晏子使楚”故事流传久远。在古代“橘中戏”为象棋的别称。明末凌濛初编著的拟话本小说集《初刻拍案惊奇》在“卷一转运汉巧遇洞庭红 波斯胡指破龙壳”中讲述了这样一个故事：苏州人文若虚，随船出海时带了一篓洞庭红橘，以备途中解渴之用，没想到他只花一两银子买下的这一篓洞庭红橘在海外吉零国（现在的斯里兰卡），被当成稀世珍品抢购一空，卖了1 000多两（1两＝50克）银子。浙江衢州有偷橘罚戏的乡规民俗。据传，乾隆下江南途经衢州市航埠时见橘园中红橘累累、芳馨扑鼻，遂探手摘食，与二太监共食36枚，按乡规被罚戏36曲，离开时于红纸上书“抚州橘名赐红匾，衢橘应封七点红”14个大字，加盖“乾隆南游”篆印，贴于村中墙上。看见御书后，乡民始知皇帝居然受罚，乃禁令之效也。此后橘乡禁令一直延续至今。

逢年过节、祭祀祖先、婚娶喜庆、走亲访友，柑橘是首选水果。因“柑”音“甘”意甜也，而“橘”近“吉”，寓“吉祥如意”，所以，柑橘不仅是节日家庭必备果品，也是馈赠佳品。浙江黄岩在元宵节放橘灯，而新屋上梁、新婚拜堂、春祭等喜庆都要例行“抛橘抛馒头”。浙江衢州旧时婚嫁有送新娘结有累累果实的红橘枝，祝她早生贵子，而新娘的嫁妆中有用红丝带叠成一串的香抛四只，既为洞房的装饰物又取吉祥之意。粤、闽、台等地区在新春佳节到来前，有购买四季橘摆在厅堂庭院的风俗，隐喻四季发财、大吉大利。在潮汕地区，一直有在春节带橘子给长辈拜年的传统，后来流传到新加坡。在宝岛台湾古时除夕之夜把橘子、荔枝干置于枕畔作压岁果，春节早晨起来食用，据说这一风俗是闽南移民从家乡带过去的。

四、美　食

公元前3世纪，吕不韦《吕氏春秋》谓：“果之美者，江浦之橘，云梦之柚”。可见，柑橘果实在很久以前即得到国人的认可和珍爱。唐代韦应物《答郑骑曹求橘诗》：“怜君卧病思新橘，试摘犹酸亦未黄。书后欲题三百颗，洞庭须待满林霜”，将朋友求橘而爱莫能助之境刻画得维妙维肖，也说明当时人们很喜欢柑橘。宋代张扩《次韵徐师川谢送温柑》诗句“陋我分柑悭百颗，烦君托意赠当归”，描述了当时高官雅士以柑橘作礼物馈赠亲朋的情况。南宋诗人戴复古的《送青柑与秋房》：“百果之中无此香，青青不待满林霜。明年归侍传柑宴，认取仙乡御爱黄”，不愧为咏橘佳作，其对柑橘的喜爱推崇之情跃然纸上。除了柑橘果肉本身味道鲜美以外，其果皮也是制作美食的原料。以香橙皮为主要原料制作的香粉是高档菜肴的佐料。在浙江衢州秋冬季节，当地有一佳肴叫清炒枹壳或酱烧枹壳，就是以当地土柚（当地人称香枹，因皮厚而香得名）的白果皮作菜，有清凉解毒通便之功。当地还有一小吃叫“豆豉”，是由土柚皮（枹壳）、南瓜干、红薯干、糯米粉、辣椒、黄豆等经发酵做成，咸中有辣、辣中带甜，很有嚼头，味隽永。当地人在烹饪羊肉和鱼时，加入晒干的衢橘（朱红橘）皮以去腥膻增香气，烹制的羊肉和鱼肉风味更为鲜美可口。

五、药用和养生

柑橘是有着悠久历史的传统中药，现代科学证实其具独特的保健作用和预防疾病的功能。中国现存最早的中药学专著《神农本草经》（成书于东汉时期）记述到“橘柚，一名橘皮。味辛，温，无毒。治胸中瘕热，逆气，利水谷。久服去口臭，下气，通神明”、“枳实，味苦，寒，无毒。治大风在皮肤中，如麻豆苦痒，除寒热结，止痢，长肌肉，利五脏，益气，轻身。生川泽”。在湖南郴州市至今流转着汉代苏仙公用橘子帮助百姓防治瘟疫躲过劫难的故事。枳壳（酸橙 *Citrus aurantium* 及其栽培变种的干燥未成熟果实。7月果皮尚绿时采收，自中部横切为两半，晒干或低温干燥）、枳实（酸橙及其栽培变种或橙 *Citrus sinensis* 的干燥幼果。5~6月收集自落的果实，除去杂质，自中部横切为两半，晒干或低温干燥；较小者直接晒干或低温干燥）、陈皮（橘 *Citrus reticulata* 及其栽培变种的干燥成熟果皮。采摘成熟果实，剥取果皮，晒干或低温干燥）为《中国药典》（2010年版）收录的中药。现代科学证明，柑橘果实中含有多种生物活性物质，主要包括黄酮类、类胡萝卜素、类柠檬苦素、香豆素类、香精油、膳食纤维、果胶等，还富含柠檬酸、矿物质（包括中微量元素 Ca、Mg、Zn、Se 等），经常食用不仅美容养颜，还可以预防心血管疾病、糖尿病等，而且柑橘中的黄酮类、类胡萝卜素和类柠檬苦素是具有抗癌的天然活性成分，已成为食品和医学领域研究的热点。

我国劳动人民积累了丰富的以橘养生的经验。如：在湖南武冈橘区，有洗柚叶浴以预防感冒的风俗，在感冒初起时效果明显。在浙江温州，因瓯柑耐贮藏，又具有祛热生津、化痰止咳、清凉解毒等功效，人们对瓯柑情有独钟，民间素有“端午瓯柑似羚羊”之说，冬春季节瓯柑是当地家庭必备果品。在浙江常山，人们看中了胡柚的镇咳化痰、清热解毒、解酒醒脑的作用，在11月至翌年的5月胡柚产出季节，每天坚持食用2～3个胡柚果实的大有人在，当今有日益增多之势。

六、柑橘文化建设

浙江黄岩建起了中国柑橘博物馆，占地面积25公顷，以柑橘和橘文化为主题，主要收藏、保护、研究和展示柑橘用品、文物史料，承担柑橘科普教育基地任务。浙江衢州于2011年启动建设中国（衢州）柑橘博览园，占地面积近20公顷，至2013年年底建成具有“品种资源保存、先进技术示范、柑橘文化挖掘、休闲观光体验”等多种功能的综合性柑橘博览园。湖南石门在县城澧水河的南岸2 500米长的防洪大堤上种植橘树、并配以数十方名家歌咏柑橘的碑林石刻，建成集绿化美化、防洪保安、柑橘文化于一体的“橘香路”，打响“澧水柑橘文化观光带”品牌。近几年来国内不少柑橘产区相继举办柑橘文化节，以柑橘文化搭台经济唱戏，宣传推介柑橘品牌，树立产地形象，如湖南石门柑橘文化节、湖北秭归脐橙文化节、广东四会柑橘文化节、江西安远脐橙节、浙江常山胡柚文化节等。

第二章　功能与保健

第一节　柑橘的功能性成分与保健作用

一、柑橘果实中主要的功能性成分

柑橘果实全身都是宝，富含多种功能性成分：一是维生素类，主要包括维生素 C、维生素 P、维生素 E 和维生素 B 等；二是橙皮甙、柚皮甙、新橙皮甙等类黄酮物质；三是柠檬苦素及其类似物，属三萜类物质，主要包括柠檬苦素、诺米林、脱乙酰诺米林、诺米林酸等；四是纤维素、半纤维素、木质素、果胶等膳食纤维，是指不易被消化酶消化的多糖类物质；五是柠檬酸、苹果酸、琥珀酸等有机酸；六是胡萝卜素、叶黄质、玉米黄质、β－玉米黄质等类胡萝卜素；七是芳香类化合物，主要存在于香精油中，是指具有芳香气味、在常温下会挥发的一类物质，以柠烯为主，在柑橘皮细胞中含量丰富。

二、柑橘的药用及保健作用

（一）药用

柑橘不仅果实营养丰富，而且药用价值很高，果皮、果肉、橘核、橘络都是正统中药。果皮（陈皮）能理气健脾，止咳化痰，和胃降逆；中果皮与内果皮之间的维管束群称“橘络”，能通络化痰，顺气活血，治痰滞、咳嗽等；种子（橘核）能理气，止痛，散结；幼果或幼果果皮（青皮）能疏肝理气，散结化滞。

（二）保健作用

1. 降低胆固醇，预防心血管疾病、肥胖症、糖尿病

科学研究发现，人食用柑橘可降低胆固醇，有助于动脉粥样硬化逆转。原因是柑橘中的果胶进入人体后，在肠内与胆酸结合，减少了胆酸进入血液中的数量，促使血液中的胆固醇向胆酸转化，从而降低血液中的胆固醇。

橙皮甙（即维生素 P）和芦丁可以强化、软化血管，扩张冠状动脉，提高血管的弹性；柑橘果实中的钾、钙、镁等矿物质和纤维素具有降低血压的作用。人体血液中的类胡萝卜素对维护肝脏功能、防止动脉硬化有一定作用。调查显示，人体血液中的类胡萝卜素含量低的人比类胡萝卜素含量高的人患动脉硬化的几率高2～3倍。经常食用柑橘果实能预防老年动脉硬化和高血压中风症的发生。

由于柑橘纤维素能与糖分结合，延长糖分在胃内的滞留时间，使糖分不致于迅速被人体吸收而进入血液，同时，多余的糖分可随纤维素排出体外，这样可抑制血糖的迅速上升，可“节约”血液中的胰岛素。柑橘纤维素、果胶等膳食纤维对于肥胖病和中老年易发的胰岛素非依赖性糖尿病具有预防与辅助治疗作用。据报道，虽然柚子汁中本身含有糖分，但人食用后血糖却没有明显上升，原因是柚子汁中还含有胰岛素样成分，所以柚子是糖尿病人的首选水果。

2. 防癌抗癌作用

用小白鼠进行的药理试验和临床研究表明，类黄酮有抑制癌细胞增殖和转移的作用。类胡萝卜素是柑橘果实中的脂溶性物质，被人体吸收后转化为维生素 A，它可以提高人体对日光引起的皮肤癌的免疫功能。癌与循环器官病变的原因之一就是体内各器官发生氧化损伤，而类黄酮、类胡萝卜素具有抗氧化作用，增强人体的免疫机能。在类胡萝卜素家族中，以 β－胡萝卜素的抗肿瘤作用较大。柠檬苦素具有较强的防癌活性，它能增强谷胱甘肽 S 转移酶的活性，促使谷胱甘肽与致癌物相结合，变成无毒的物质排出体外。柑橘纤维素、果胶等既能吸附人体肠胃中蛋白质食物残渣转化成的亚硝胺等有害物质，又能促进肠胃蠕动，加快食物残渣排出体外的速度。柑橘果实中的维生素 C 不仅可以阻止亚硝胺的生成，而且对亚硝胺以外的致癌物质也有抑制作用，对预防胃癌有良好的效果。

3. 消除疲劳，愉悦心情

食用柑橘有消除疲劳的作用，与白薯合吃效果更好，因为这两种食品中含有较多的碱性物质，能中和乳酸，降低血液和肌肉中的酸度，从而尽快消除疲劳，恢复体力。

柑橘精油中含有大量的芳香性物质，能缓解肌肉痉挛或疲劳，有缓解焦虑提高情绪的作用。它无毒无害，可用作房间的天然清洁剂和杀菌剂，尤其适用于孩子的房间。

4. 促进少年儿童生长发育

由于富含胡萝卜素和维生素 C，少年儿童常吃柑橘果实，有利于其皮肤、肌肉、软骨组织及结缔组织的发育，可以预防感冒、提高免疫力，减少运动的损伤。饭后食用柑橘有消食化滞、润肠健胃之功效。柑橘果实由于含有较高的可溶性糖、有机酸以及钙、锌、铁、镁等矿物质和多种维生素，容易被儿童体内吸收，经常食用，可预防儿童缺铁性贫血和肥胖症。

5. 美容减肥效果

柑橘果实含水分87%～90%，且富含纤维素，饭前食用可使人产生饱腹感，纤维素还可以吸附糖分、脂肪等，抑制血液中胰岛素、葡萄糖及中性脂肪水平的上升，达到减肥效果。在西方发达国家，不少女性早晨吃两个柑橘以代替早餐来减肥。国际超模们则常饮橙汁以维持身材之苗条。

柑橘中丰富的类胡萝卜素被人体吸收后，可预防皮肤干燥、多屑、角质化，以及夜盲症、干眼症、角膜溃疡症等，再加上丰富的维生素 C 的综合效果，可预防皮肤粗糙，使皮肤光滑有弹性。丰富的类胡萝卜素和维生素 C，可促进骨胶原在体内的形成，防止面部黑色素的沉着。故经常食用柑橘果实有助于美容减肥。

第二节　胡柚果实的功能性成分与药用保健作用

常山胡柚为衢州市第二大主栽品种，2014年全市栽培面积9 624公顷，当年产量17万吨。常山胡柚先后被评为全国优质农产品、浙江省十大名果，常山县获“中国胡柚之乡”的称号。胡柚果实因富含多种生物活性物质具有较高的保健药用功能受到广泛的关注，本文总结就该领域的研究开发工作，为胡柚果实的进一步开发利用提供依据。

一、功能性成分及其作用

（一）黄酮类化合物

柑橘果实富含黄酮类化合物，主要是二氢黄酮，包括橙皮甙、新橙皮甙、柚皮甙、异柚皮甙、新圣草次甙、柚皮芸香甙、枸橘甙、新枸橘甙等；其次是多甲氧基黄酮（PMFs），为胡柚等柑橘属植物特有的，目前已分离出30余种成分。不同种类品种的黄酮类化合物含量不一样。在胡柚、沙田柚、朱栾、黄果柑、马蜂柑、红橘、莽山野橘、锦橙、宜昌橙、爪畦柠檬、北京柠檬、河口莱檬、红藜檬、椪柑、瓯柑、脐橙、普通甜橙、温州蜜柑、金橘等柑橘种类，胡柚的黄酮类化合物含量最高。在32种柚和葡萄柚以及2个柚杂柑中成熟果实果肉的新橙皮甙含量以胡柚最高。

胡柚果皮的黄酮类化合物的含量高于果肉中的含量。胡柚果实各部位黄酮类化合物的总量从高到低依次为白皮层、囊衣、油胞层、汁胞。各部位中均含有较高的柚皮甙和新橙皮甙，二者的含量分别为前者（3.01 ± 0.04）毫克/克（干重）至（22.51 ± 0.41）毫克/克（干重）和后者（1.71 ± 0.01）毫克/克（干重）至（22.76 ± 0.41）毫克/克（干重）。胡柚果实不同部位中黄酮比例各不相同，果实由外到内，新橙皮甙的比例呈逐渐下降趋势，而柚皮甙和柚皮芸香甙的比例则显著上升。在胡柚果实油胞层中，含量最高的为新橙皮甙，然后为柚皮甙，新圣草次甙和柚皮芸香甙等。而在白皮层中，柚皮甙的比例显著提高，含量基本和新橙皮甙持平；在囊衣中，柚皮甙的比例进一步上升，是含量最高的黄酮类化合物，同时柚皮芸香甙的比例也显著提高；在汁胞中，新橙皮甙的比例进一步下降，其含量显著低于柚皮甙和柚皮芸香甙。柚皮甙大量存在于胡柚中，尤其是果实的可食部分，这可能是胡柚果实特殊风味的来源。

研究证实，总黄烷酮、柚皮甙和橙皮甙含量均随着果实的生长发育而呈现下降趋势，其含量均在落果期最多，膨大期次之，成熟期最少。胡柚果实在贮藏前期（0～60 天），各黄酮组分呈现逐渐上升的趋势，但在60 天之后，虽然胡柚中新橙皮甙含量也呈逐渐下降趋势，但是柚皮甙含量却逐渐上升，囊衣和汁胞中柚皮芸香甙所占比例和含量也逐渐上升，导致在贮藏后期总的黄酮含量基本维持稳定水平。胡柚中多甲氧基黄酮的含量较低，而甜橙和蜜橘中含量较高；多甲氧基黄酮主要存在于冷榨橘皮油分离出的蜡中，在果实的可食用部分即果汁果肉中只有微量。

黄酮类化合物具有较强的抗氧化作用，是一种良好的自由基清除剂。柚皮甙清除自由基的 IC_{50} 为1.6 毫克 / 毫升，清除 OH 的 IC_{50} 为925.87毫克 / 毫升，清除自由基能力强，达到防衰、抗癌、抗心血管病的目的。胡柚的四个部位粗提物，均有一定抗氧化活性，其中，油胞层具有最强的 DPPH 自由基清除活性。以 DPPH 法、ABTS 法及 Fenton 反应测定32个柚及柚的杂交品种的果皮提取物对3种自由基清除能力，常山胡柚和鸡尾葡萄柚等表现较强，抗氧化活性较高。胡柚提取物进行微波处理后可以提高其抗氧化能力。胡柚果实的甲醇提取液在清除羟自由基能力上要明显优于乙醇和水提取液。

民间一直把胡柚作为糖尿病人的首选水果，研究表明，虽然胡柚果实中存在较多增加血糖的物质，却具有平衡血糖的功能，能够增加糖尿病小鼠肝糖原的贮存、改善肝脏的氧化应激，糖尿病患者可以适量食用胡柚（成人每天1～2个）。进一步的研究表明胡柚果实的柚皮甙和新橙皮甙能抑制 α－葡萄糖甙酶活性，促进 HepG2 细胞葡萄糖消耗，其效果类似降糖药二甲双胍，同时柚皮甙和新橙皮甙两者合用对葡萄糖消耗具有协同作用。

柚皮甙、橙皮甙、新橙皮甙等黄烷酮糖甙的代谢产物具有降低血沉、清除自由基抗氧化、抑制 HL−60 白血病细胞生长和溶解癌细胞的作用。划痕修复实验结果显示，川陈皮素和橘皮素还具有抑制人卵巢癌 SKOV3 细胞迁移的作用。柚皮甙通过抑制脂多糖诱导的肿瘤坏死因子的释放而保护肝脏，降低肝癌的发病率。

小鼠在感染沙门氏菌前3小时摄取1毫克柚皮甙，可有效防止休克致死，其肝、脾中的病菌明显减少。橙皮甙对大肠杆菌、阴沟肠杆菌、伤寒沙门杆菌、金黄色葡萄球菌、表皮葡萄球菌等都有较好的抑菌效果。

胡柚皮中的柚皮素、柚皮甙和柠檬苦素对 T 淋巴细胞和 B 淋巴细胞的增殖反应均有抑制作用，表明其能提高机体的免疫力，防止免疫增殖病。

（二）芳香化合物

胡柚果皮含有丰富的香精油，占果皮鲜重的0.5%～2.0%。采用气相色谱 / 质谱 / 计算机联用（GC/MS/DS）技术，对胡柚皮中挥发性成分进行了分析，共检测鉴定出49种化合物，其中，萜烯类化合物26种，占挥发性成分阶段总含量的93%。其优势成分为苧烯，占挥发性成分阶段总含量的35.3%，包括叶醇、γ松油烯、辛醛、癸醛、香芹醛、香紫苏醛、乙酸香乙酯、石竹烯、金合欢醇、甜橙醛、圆柚酮；4,4a,5,6,7,8-六氢-4,4a-2(3H)-萘酮、吉玛烯D、β-新丁子香烯、1,2,3,5,6,7,8,8a-八氢-1,8a-二甲基-萘，1-甲基-4-(1-甲基乙基)-1,4-环己二烯、1-甲基-4-(5-甲基-1-亚甲基)-4-六环已烯、邻苯二甲酸二乙酯、β-月桂烯[32]；十氢-1,5,5,8四甲基-1,2,4-亚甲基薁烯、6-乙烯基-6甲基-(1-甲基乙基)-3环已烯、δ-芹子烯、α-蒎烯、β-蒎烯、D-苧烯，1a,2,3,5,6,7,7a,7b庚氢-1氢-环丙[e]薁烯等。

胡柚皮精油有较好的抗菌活性，其中，对真菌的抑制效果好于对细菌的抑制效果。对金黄色葡萄球菌和大肠杆菌的MIC为0.05毫升/升，对3种皮肤致病真菌的MIC为0.006 25~0.05毫升/升，其中，对石膏样毛癣菌和红色毛癣菌表现出了很高的敏感性，其MIC分别为0.025和0.006 25毫升/升。这5种供试菌的MIC值均小于对照组茶树油的MIC值，表明胡柚精油具有较好的抗菌活性。

（三）柠檬苦素类化合物

柠檬苦素类化合物又称类柠檬苦素，是植物次生代谢产物，为具有呋喃环的三萜类化合物，在胡柚果实中含量丰富，不同部位的含量高低为种子>果皮>果肉。胡柚原汁中含有柠碱11.23毫克/千克。类柠檬苦素有抗癌、镇痛、消炎、镇静抗焦虑、抗虫除虫等功用。类柠檬苦素尤其是柠檬苦素、诺米林能诱发和激活解毒酶——谷胱甘肽转移酶的活性，从而抑制化学致癌物的致癌作用。与黄酮类化合物相同的是类柠檬苦素也可以游离甙元和配糖体2种形式存在。类柠檬苦素配糖体不仅水溶性好、无苦味，而且仍保留与其相应的甙元相似的生理活性。因此，类柠檬苦素配糖体具有更大的开发利用价值，可作基础原料以开发加工多种功能食品。

（四）膳食纤维

膳食纤维是指不易被消化酶消化的多糖类食物，主要包括纤维素、半纤维素、木质素、果胶、树脂等。胡柚果肉和果皮中都含有膳食纤维，尤其是果皮中含量丰富，果皮中的总膳食纤维含量为44.92%（干重），果肉中的总膳食纤维含量为10.72%（干重）。果皮中的水溶性膳食纤维（SDF）含量为13.48%（干重），果肉中的 SDF 为5.39%（干重），而谷物麸皮、小麦麸皮和大麦渣的 SDF 含量分别为0.40%、2.87%和1.69%，前者远远高于后者。SDF 的主要组分为水溶性果胶（WSP），胡柚果皮中 WSP 含量较高为12.94%（干重）。

膳食纤维有较强的抗肿瘤功效，可能原因是促进肠道蠕动、减少有毒物质在体内停留时间、预防便秘，促进体内双歧杆菌、乳酸菌等有益微生物的生长，分解产生大量短链脂肪酸而发挥酸化消毒作用，阻断亚硝胺的合成，促进致癌物的代谢等。

（五）类胡萝卜素

胡柚果实中的类胡萝卜素主要有胡萝卜素、叶黄质、玉米共素、β－隐黄质等。叶黄质、玉米共素、β－隐黄质在胡柚果肉中的含量分别为0.93、1.03和0.05微克/克（鲜重），而在果皮中则为4.41、2.42和0.90微克/克（鲜重）。果皮中的总类胡萝卜素的含量（21.2微克/克（鲜重））要明显高于果肉中的含量（6.3微克/克（鲜重）），而且主要以 β－胡萝卜素为主，α－胡萝卜素的含量相当低。胡柚果实的类胡萝卜素含量随果实的成熟不断积累，特别在果实的着色期果皮的类萝卜素含量有一个明显的上升趋势，而果肉中的类萝卜素含量则是一个平稳的上升过程。在贮藏期，果皮的类萝卜素含量在贮藏前期有一个明显的上升过程，至后期则基本稳定；而果肉的类萝卜素含量在贮藏前期缓慢上升，而在3个月后含量明显下降。

类胡萝卜素是合成维生素 A 的前体，现代医学研究表明，类胡萝卜素能清除自由基增强人体免疫力、预防心血管疾病、防癌抗癌等，其中以 β－隐黄质和 β－胡萝卜素的防癌抗癌活性较强，可以降低肺癌、食道癌、宫颈癌、乳腺癌的发生率。

（六）其他成分

胡柚果实中含有丰富的维生素，每100克果汁中含维生素 C 37.9～46.6毫克，维生素 B 10.048～0.056毫克，维生素 B 20.026～0.052毫克，维生素 B 64.27～6.63毫克。维生素 C 有抗衰老、防癌、解毒等作用，但其易被氧化，胡柚果实中的维生素C含量在翌年3月前呈不断上升趋势，3月后才略下降，可能是果肉本身含有较多的柠檬酸和多种活性物质有关。在柚、胡柚、甜橙、椪柑、温州蜜柑5个种类中，果皮中的维生素E含量以脐橙最高，胡柚次之，而果肉中的维生素E含量则以胡柚和甜橙最高，果皮中芦丁的含量以胡柚的最高为35 548.75微克/克（干重），其次是脐橙1 285.5微克/克（干重），温州蜜柑为53.1微克/克（干重），而柚与椪柑为0。在测试的5个品种中，只有胡柚的果肉中含有芦丁，为110微克/克（干重）。

二、胡柚的医疗功效与保健功能

（一）止咳祛痰

常山胡柚果实民间用于止咳历时已久。徐雪梅用实验小鼠的试验表明常山胡柚皮水提取液具有明显的止咳祛痰作用。郑少华等根据民间处方以常山胡柚皮、枇杷叶等试制出的胡柚枇杷止咳露，用于560例上呼吸道感染以及急慢性支气管炎等患者的治疗，总有效率为96.2%，止咳化痰功效显著。

（二）治疗足跟痛

足跟痛是中老年的一种常见病，表现为站立或行走时足跟或足底部酸胀疼痛。李玉新等用胡柚皮水煮液熏洗足根部约1小时，每天2次，一般用药1周左右即可治愈。

（三）用于加工保健食品及药品

胡柚果实可加工砂囊罐头、果酱、果汁、果脯、果冻、陈皮等多种食品。利用其富含黄酮类、果胶、纤维素等多种功能性成分和有独特浓郁芳香的特点，加工成蜂蜜胡柚果茶、胡柚全果饮品、胡柚果皮软糖、胡柚皮与胡萝卜复合低糖果酱、黄酮素、胡柚精油等保健食品、药品及食品药品原料。

根据中医理论和现代药理研究表明，胡柚具有清凉祛火、清热解毒、止咳化痰、生津健胃、稳定血糖、通便利尿、解酒醒脑、健肾润肺、抗氧化防衰老、抗癌和提高免疫力等多种功效，常食有利于健康，是一种理想的保健水果。胡柚资源丰富，果实富含黄酮类、萜烯类化合物、膳食纤维、类柠檬苦素、类胡萝卜素等活性成分，对这些成分的提取、分离、纯化已有较多的研究，但对活性成分与功能之间的关系缺乏深入系统的研究，抗氧化、抗肿瘤产品开发处于初级阶段。因此，今后在活性成分分析和功能研究的基础上，应加大活性成分代谢机制、活性成分的临床应用的研究和抗氧化、抗肿瘤深加工产品的开发，促进胡柚果实的深加工和综合利用，推动胡柚保健食品和功能性食品添加剂的产业化，为胡柚产业转型提升提供技术支撑。

第三章　庭院盆栽技术

作为常绿果树的一种，我国柑橘品种资源非常丰富，其中，不少品种具有较高的观赏价值，金橘、四季橘、年橘等作盆栽历史悠久。柑橘大树作庭院绿化树，柑橘盆栽四季长青、叶绿果红、喻意吉祥，深受消费者喜爱。

第一节　适于盆栽的柑橘种类和品种

一、枳

为落叶性灌木状小乔木，抗旱耐瘠，易于栽培，是柑橘盆栽的理想砧木，能促进树体矮化，提高树体的抗寒、抗旱能力。枳有一变种叫飞龙枳，树矮叶小，枝刺均弯曲，别具形态，适合作盆栽。

二、金　橘

为常绿灌木或小乔木，成枝力强，叶小而厚，一年开2～4次花。果小皮厚，有香气，是传统的盆栽用品种。常说的金橘包括山金橘、金枣、圆金橘、长叶金橘四个种和金弹、四季橘等杂种，都适于盆栽。采用花期控制法，可使其在元旦春节期间挂果着色，为中国人最喜爱的盆栽品种之一。

三、代　代

属酸橙类。为常绿灌木，枝细长稀疏，花白色，采下烘干后用作熏制花茶。果扁球形，果皮在秋冬季为橙红色，翌年春夏季也逐渐变青，果实挂果时间长，花果同树，三世同堂，为盆栽观果理想材料。其果实也是预防感冒、治疗咳嗽和咽喉炎的天然材料。

四、朱红橘

树冠呈不规则圆头形。树势强健。大枝粗长稀疏，微向下披垂，小枝细密。果实扁圆形，朱红色。成熟期在11月中下旬至12月上旬。易栽易管，丰产稳产，抗寒性强，适应性广，食用品质中等。在浙江有一实生变异品种叫“满头红”，树冠呈自然圆头形，比一般的朱红橘更紧凑，叶色更浓绿，果实更红，食用品质优，更适合作盆栽。

五、特早熟温州蜜柑

特早熟温州蜜柑树体较小，树势较弱，早结丰产性好，适应性强。在国庆节前后果实由绿转黄色，进入成熟期。主要包括大分、日南、稻叶、宫本、市文、北口、山川、国庆1号、隆园早等。

六、甜　橙

（一）血橙

包括红玉血橙、塔罗科血橙和脐血橙等。树势中等或强，树冠圆头形。果实倒卵形、扁球形或椭圆形，成熟时果皮或果肉呈血色红斑或血色而得名。

（二）大红甜橙

树较矮小，树冠圆头形，枝细软，果实圆球形或椭圆形，11月中旬成熟，果实深橙红色或大红色，果形、果色佳。丰产性好，耐贮运。

（三）雪柑

树势较强，树冠圆头形，枝细长，较开张。果实圆球形或椭圆形，11月下旬至12月上旬成熟，果实深橙黄色，有香气。

（四）明柳橙

树势较强，树冠半圆形，枝梢紧密，较开张。丰产稳产性好，适应性广。成熟期11月至12月上旬成熟，果实橙黄色或橙红色。柳橙以酸橙、三湖红橘作砧木树体高大，而以枳作砧木的树冠矮小，树势明显弱化，适合盆栽。

七、天　草

树势中等，幼树稍直立，进行结果后树姿开张。果实扁球形，橙红色，表面光滑，有红橘和甜橙的香气。以枳作砧早结丰产，品质优，风味好，无核。天草要疏果，防止过量结果以免树势变衰弱。

八、胡　柚

树势中等偏强，树冠圆头形，枝梢较直立。果实梨形或扁球形，金黄色，成熟期11月中下旬。该品种丰产性好，适应性广，抗寒抗旱性较强。

九、佛　手

佛手是香橼的变种，树体矮小，树冠呈不规则圆头形，枝条披垂，有短刺。果实指状或拳头状，成熟时橙黄色或金黄色，有芳香。消费者因图吉祥而特别喜爱佛手盆栽。佛手果实切片泡水喝有和胃、预防咳嗽等保健作用。

十、柠　檬

有北京柠檬、尤力克柠檬等。树冠圆头形，开张，枝条细长，有短刺。花大，带紫色，一年开花多次。果椭圆形，成熟时呈橙黄色。香气浓。

第二节　枳砧嫁接苗柑橘盆栽生产技术

一、砧木苗培育

盆栽柑橘一般以枳作砧，因为枳砧柑橘树树冠小，树形紧凑，早结丰产，抗寒抗旱能力提高。春季定植枳壳苗，定植畦宽100厘米，沟宽30厘米左右，每亩约定植15 000株。定植后及时清除行间杂草，以防杂草与枳壳苗争水争肥，影响其正常生长。在枳壳小苗成活后，可以在雨天进行追肥，每亩撒施复合肥3～5千克；20～30天雨后再追施1次尿素3～5千克。当枳壳小苗长到20～30厘米高时，进行矮化处理，可以喷施1次多效唑，一般使用浓度为300倍液左右。

二、嫁接技术

一是一树两果或多果技术，即在一株砧木上同时嫁接两个或两个以上的柑橘品种，使不同色泽、不同形状的果实同挂一树，增加观赏性。嫁接时应注意不同品种的生长势差异，抽枝力强的品种应嫁接在砧木的小枝或斜生枝上，而抽枝力弱的品种应嫁接在砧木的直立的强枝上，这样可使不同生长势的品种在同一树上趋向平衡。嫁接方法为春季切接（枝接）或秋季芽接。金柑和温州蜜柑、雪柑和红橘、温州蜜柑和雪柑、温州蜜柑和红橘、温州蜜柑和天草、温州蜜柑和新会红橙、温州蜜柑和椪柑、温州蜜柑和柠檬、温州蜜柑和血橙、温州蜜柑和“439”杂柑等都是很好的组合。一树两果或一树多果也可通过高接换种达到目的，即在本来只嫁接了一个品种的树上，在部分枝条上通过改接其他品种而得。

二是利用砧木和接穗亲和性不强来矮化树冠，如枳砧与柳橙、冰糖橙等高糖系品种嫁接亲和力差，其树冠高和冠幅只有正常树冠的25%～40%。

三、嫁接苗的管理

9月进行嫁接。嫁接前后要保持枳壳苗地的湿润，以利于嫁接苗的成活。

芽接成活后于翌年春季3月起，每10～15天浇施1次腐熟稀薄人粪尿+0.2%的尿素，至8月中旬止。3月下旬把嫁接口1厘米以上的砧木剪去，促使柑橘芽萌发。4月中旬解除嫁接苗上的塑料膜。5月上旬进行第二次剪砧并抹去砧木上萌发的隐芽。当第一次梢老熟后应结合整形进行短截，以促发二级分枝，培养3～4个主枝。生长期间要注意病虫害的防治工作。冬季寒潮来临前，干旱苗地要浇水一次，在苗根部培土、铺草，并在苗上撒一层稻草，以防冻害，特别寒冷年份还需搭建大棚防冻保苗。

四、上盆及土肥水管理

春季3月起苗，上盆前先短截过长的主根，并撒一些钙镁磷肥，以促进须根的发生。

（一）土壤管理

柑橘盆栽土应肥沃、疏松、湿润，pH 值5.5～6.5。盆栽土可按菜园土30%～40%、腐叶土25%～30%、红壤土10%～15%、煤渣10%～15%、河砂10%～15%的比例配制。每年结合施肥松土2～3次，以使土壤疏松透气，第一次在萌芽前的3月上旬进行，第二次在梅雨结束时的7月上中旬，第三次在9月。盆土表面覆盖一层薄泥碳或蛭石，可防止盆土板结，增加其透气性，在高温干旱期能显著降低水分蒸发，减少浇水次数。一般每2年换土换盆一次，以利根系生长。

（二）水肥管理

柑橘盆土要经常保持湿润，尤其是着果后，盆土一干，容易引起大量落果。灌水应掌握“不干不浇、浇则浇透”的原则。在早晨或傍晚浇水最好。夏秋干旱季节，每1～2天浇水一次，若水分不足，还可叶面喷水。在生理落果期若遇高温干旱，进行树冠喷雾可显著提高坐果率。梅雨季节注意排水，防止根系腐烂、叶片黄化；盆面积水时，可将盆侧倒排水。

盆栽在上盆时施足基肥，每盆用发酵好的饼肥、堆肥、晒干粉碎的塘泥和商品有机肥，基肥占盆土重量的10%～15%。生长期结合浇水追施速效肥料，以勤施薄施、少量多次为宜。春季萌芽前施一次以氮为主的催梢肥。5～6月为生理落果期，应追施氮磷钾复合肥和锌硼等微量元素肥料以保果。7～9月为果实迅速膨大期，追施的肥料浓度可高些，除了氮、钾外，还加施石灰100～150克。9月底以后停止施肥，防止抽发晚秋稍。

五、病虫防治

柑橘是多年生作物，病虫害较多，主要有疮痂病、黑点病、蚧壳虫、红蜘蛛、蚜虫等。生物防治法：用0.3～1%的苦楝油乳剂，烟草秆浸出液或大蒜头和洋葱浸出液，防治红蜘蛛、介壳虫和蚜虫。保护和引进瓢虫、草蛉、寄生蜂和食蚜蝇等害虫天敌。

六、促花技术

柑橘盆栽要及时促花，促使早结果，能显著抑制营养生长，控制树冠过分扩大。三年生盆栽可开始进行促花。

(一)控水

9月秋梢叶片转绿后进行控制(晴天不浇水，雨天覆盖薄膜等控制雨水流入)，直到叶片卷曲，略有凋落。约20天后恢复灌水并施1～2次复合肥，便可形成花芽。在控水过程中，若叶片凋落将过重时，可进行叶面喷清水，喷至叶面湿润为止，以缓解橘树缺水程度，但不要浇水，以免控水促花失败。

(二)环割

9～10月，在主枝或副主枝近基部处环割2～3刀，每刀环割大半圈，割口错开，圈距2厘米左右。刀要割至木质部，但以不要伤及木质部，以利伤口愈合。

(三)喷施多效唑

在8月秋梢生长期，喷施1 000毫克/千克多效唑，连喷两次，中间间隔7～10天。

(四)移盆断根

9月下旬将盆橘换盆，切除1/3的主根和过长的侧根，浇施1～2次复合肥。

七、保果技术

盆栽柑橘不易坐果，尤其是花量少的年份或生长势过弱、畸形花多的情况下更是如此。

(一)合理修剪和施肥保果

早春进行轻剪，尽量保留老叶，适当短截部分衰弱枝组，疏除病虫枝、过密枝、衰弱枝，以减少春梢抽发量，集中树体营养供花果发育之用。对新梢抽生过多的树，可抹除部分树冠上部和外围的春梢。留下的过强的春梢留6～8厘米长摘心。夏梢全部抹除，以缓和梢果营养矛盾，促进坐果。春梢生长期不偏施氮肥，以施有机肥和氮磷钾复合肥为主。叶面喷施2～3次0.3%尿素+0.2%磷酸二氢钾+锌硼镁等中微量元素的肥液。

（二）用植物生长调节剂保果

5月上旬和6月上旬各喷一次50毫克/千克“九二〇”；也可在5月上旬喷细胞分裂素800倍液，6月上旬再喷一次50毫克/千克“九二〇”，保果效果较好。

八、其他管理技术

（一）增进果色、果香

以饼肥作主要肥料的盆橘，果实色泽鲜艳、香气浓郁；每盆施石灰100～150克的盆栽，果型大，果皮光滑润泽；用吲熟酯150～200毫克/千克液于盛花后1个半月和3个月各喷一次，果实着色好、大小均匀、品质改善。

（二）延长挂果时间

11月下旬至12月中旬果实完全着色后，喷施35～50毫克/千克的2，4-D液2～3次，可使果实挂树时间延长，金橘、血橙等品种可延至春节和元宵节以后。

第三节　压条法快速生产柑橘盆栽新技术

传统柑橘盆栽，通常要经过一年育苗、二年上盆、三年挂果，才能形成商品，培养时间长达三年以上，而且往往盆体大而重，不易搬运，摆放场地受限制，影响了柑橘盆栽的应用。用带果枝压条培育小型柑橘盆栽，当年就可以形成商品，与传统柑橘盆栽相比，具有搬运轻巧方便、摆放不受场地限制的优势，消费领域更广，而且当年培育当年成型，大大缩短培育时间，有较好的市场前景。

一、材料准备

压条前准备嫁接刀一把；20厘米长的棉线绳；长20～25厘米、宽15～18厘米、厚0.06毫米的黑色薄膜片或塑料反光膜；长25厘米、宽20厘米的农用地膜片；3～5厘米长的竹签；泥炭和珍珠岩以2∶1配比的混合基质（含水量60%左右）；护果用的纸袋；30米×6米的普通钢架大棚或毛竹棚。

二、品种选择

在衢州地区适宜用压条法作小型柑橘盆栽的品种主要有椪柑、胡柚、天草、早橘、代代、四季橘、衢橘、满头红等。不适宜的品种有温州蜜柑、冰糖橙、广橙等。

三、压　条

（一）压条时间

宜在5月下旬至6月中旬进行压条。

（二）压条母树及母枝选择

选择树势强、枝梢生长健壮、叶片浓绿、无明显病虫危害、树龄在5～20年的结果树作压条母树。在树冠中上部的外围、生长健壮、较直立的结果枝或枝组作压条母枝。

（三）环剥

在准备用作压条母枝的枝条下部用嫁接刀进行环剥，宽幅1～2厘米，用刀尖剥去皮层，并将环剥段上的形成层刮除干净，其目的是促发压条部位新根的生成和生长。若留下形成层，在湿润基质的包裹下，容易形成愈伤组织，使环剥段上下皮层重新连成一起，从而影响压条部位新根的生成和生长。注意嫁接刀环切时不要深入木质部，以免影响压条的成活率。

（四）包裹基质

刮除形成层后，在环剥枝段将小竹签用绳绑缚固定，小竹签上下两头要长过剥皮枝段，防止果实膨大后压条折断。再用长方形黑色薄膜片，围绕环剥枝段卷成圆筒状，下端距环剥口的下部2厘米处，用棉线绳扎紧后，理顺圆筒，在筒内加入混合基质，在加放基质时，要一边加入一边压实，使枝条与基质密接，并保持压条位于基质的中央。基质加完后，在上端距环剥口的上部2厘米处，用棉线绳扎紧袋口即可。

（五）绑扎防雨裙膜

包裹基质后，在基质包裹圆筒的上方2厘米处，绑扎农用地膜片，作为防雨裙膜，防止雨水通过压条上端包扎口和缝隙渗漏到包裹的基质内，造成基质含水量过大而引起压条死亡。

四、压条树的管理

（一）肥水管理

5月和6月雨水过多时，注意及时开沟排水，防止橘园积水。夏秋季高温干旱时每7～10天浇水一次。施肥与常规生产橘园相同。

（二）病虫害防治

主要防治蚧壳虫、螨类、黑刺粉虱、潜叶蛾、蚜虫、疮痂病、溃疡病、炭疽病、黑点病等。

（三）疏果

在生理落果结束后在7月上中旬进行疏果，每个压条留果量：胡柚等大果型品种留1～2个，椪柑、天草、早橘、衢橘等中小果型品种留2～4个，其余果实疏去。疏果时先疏病虫果、机械伤果，再疏过大或过小的果。

（四）套袋

为防止机械碰伤和昆虫为害压条上的果实，在疏果完成后，将留下的果实包上纸袋保护起来，以保证果实表面光洁美观。

五、上盆培养

（一）压条剪截

当基质中布满根系时，即可在压条基质包裹薄膜的下端将其剪离母树。压条剪下后轻拿轻放，以防因碰撞引起果实脱落。

（二）上盆

解除卷筒薄膜后，布满根系的压条基质过干时，需放在水中浸湿，然后上盆。盆钵可以选择瓦盆、陶瓷盆或塑料盆，规格为直径12～15厘米，高12～15厘米，上盆基质与压条基质配比相同。塑料盆因盆体轻易倒伏。

（三）盆栽培养

带果压条剪离母树后，成为独立的植株，从母树来的养分供给终止了，上盆后植株根系尚处恢复生长阶段，吸收的养分水分难以满足地上部分的需要。因此新上盆的盆栽柑橘应放置在上覆有遮阳网的避雨大棚内进行培养，防止因高温干旱及降水而影响其生长。在根系恢复生长阶段要特别注意浇水，基质过干或过湿都不利于新上盆柑橘的根系生长。当盆栽叶片挺展，此时尚处高温阶段时，应注意遮阳网的收放，在晴天的11—15时覆上遮阳网，其余时间撤除。上盆后要注意病虫害的防治和肥水的管理，待果实转色即可上市销售。

六、越冬管理

越冬管理主要是防止低温冻害，保持柑橘盆栽叶绿果红，并适时出售。越冬期间应放置在有双层膜的棚内进行养护，以普通钢架大棚内设置小毛竹棚，或大毛竹棚内套小毛竹拱棚的方式保温。雨雪霜冻和低温天气时要覆盖双层薄膜保温，在晴天中午气温高时，可通过撤除内膜和打开大棚两头棚膜降温，控制温度在0℃以上和25℃以下。浇水应选择在晴天的上午进行，注意水温不可过低，按照“基质不干不浇水，浇就浇湿”的原则进行水分管理。

第四节　佛手家庭盆栽技术要点

佛手又名蜜罗柑、福寿柑、五指柑等，果实成熟时金黄色，或形似拳头或如展开的五个手指状，故名。佛手果不仅果形奇特，而且香气浓郁，还具有健胃、降血脂、提高人体免疫力的保健作用。它性喜温暖湿润气候，适宜在光照充足、通风良好、土壤肥沃且保水透气的环境下生长。

一、上盆换盆

盆土要求肥沃疏松，既保水又透气。用菜园土5份＋菜籽饼肥（或鸡粪）2份＋粗沙2份＋焦泥土（或腐叶土）1份拌匀，浇透水后用塑料薄膜覆盖，在挡阳处堆制80～90天，再揭开塑料薄膜堆制20～30天即可使用。上盆时要求将苗扶正放在盆中央，用盆土压实，种植后嫁接口露出盆土3～5厘米，浇一次透水。一般2～3年换盆一次；当春梢发生少而弱时，说明盆土状况已恶化，影响根系生长，吸收养分水分功能不强，需要换盆；新盆比原盆大，盆底放一层粗砂，再上新盆土。换盆时剪去过长的根系，去除枯枝、过密枝、病虫枝、徒长枝等，促进植株换盆后促发新根、枝梢生长健壮，为年年开花结果打下基础。

二、整形修剪

宜在采果后至萌芽前进行。剪去树冠中上部扰乱树形的直立强旺大枝、枯枝、病虫枝和衰弱枝。夏季抽发的徒长枝，易引起落花落果，也要剪除。短枝易成结果母枝应尽量保留。秋梢剪去顶端1/3以促发结果枝。佛手多刺，易刺伤果实，又影响操作，应予剪去。

三、浇水施肥

佛手根系浅，多横向生长，要注意勤浇水，保持盆土湿润。置于南向阳台的盆栽植株，在夏秋季高温干旱时段，可每天早晚各浇水一次。佛手果大，需肥量多，但盆土容量小，因此应重视施足上盆肥、基肥，坚持增施有机肥、氮磷钾配合和勤施薄施。根据佛手的特点，可分3个时期施肥：一是 3～6月春夏梢生长期和开花结果期，在萌芽前施一次基肥，商品有机肥200～300克 + 复合肥50～70克；其后结合保果喷施3～4次0.5％尿素 +0.2％磷酸二氢钾液肥。二是7～9月为果实迅速膨大期，需肥水量大，可施入饼肥腐熟后施入，每株施入饼肥300～400克，可加复合肥40～50克。三是果实生长后期和成熟期，应少施肥，在树势过弱的情况下可在浇水时加入稀薄有机肥或叶面喷施0.2％尿素 +0.1％磷酸二氢钾液肥，以恢复树势，促进成花，为来年结果打下基础。

四、疏花保果

佛手开花期长，以5～6月开花所结的果实大而质优。其花分雄性单花和两性花。应在外观分得清时及时疏去雄性单花和发育差的两性花，每一枝上留2～3朵健壮的两性花即可。在开花期，应抹除树上抽发的新芽，保花保果。立夏后停止抹芽，加重施肥，促发健壮的夏秋梢，培育良好的结果母枝。

五、其他管理

及时防治红蜘蛛、介壳虫、蚜虫、潜叶蛾、锈壁虱等害虫。冬季低于0℃时易受冻，移到室内靠南窗处。遇到晴天，可在中午前后将盆移至阳台或庭院晒太阳2～4小时。佛手果成熟后，人们常将其摆放于书桌或茶几上，但若时间过长，则会引起营养不良而落叶落果，所以在晴好的天气应多搬至室外接受光照。

第五节　柠檬盆栽关键技术

柠檬因富含有机酸、橙皮甙、维生素B、维生素C，具有生津止渴、清热解暑、和胃降逆、化痰止咳、消食降脂等作用，常喝柠檬茶能预防痛风、抗坏血病和美容保健。柠檬原产印度，喜欢温暖湿润的土壤环境和干燥的气候环境，适宜在年平均温17～19℃，大于或等于10℃年有效积温5 200～6 500℃，冬季温暖，极端低温高于－3℃，年日照时数大于1 200小时的地区栽培。一年四季都可开花，嫩叶、花和幼果呈紫色，果实有芳香，作盆栽很受消费者喜爱。

一、育　苗

大量用苗宜用嫁接法繁育苗木，砧木选用枳、酸橙、粗柠檬、枳橙、红橘等，春季用单芽切接法；秋季用小芽复接法。接穗宜从生长健壮、挂果良好、无病虫害的植株上采取，随采随用。小量用苗可用扦插法：在梅雨季节，取一年生的健壮枝条，剪取长15～20厘米的枝段，剪去枝条上大部分叶片，仅留顶端2、3片叶，插入经消毒的排水良好的砂质土苗床中，插入深度约枝段的一半长度，浇足水。苗床应覆盖遮阳网使之阴凉，保持床土湿润而又不积水。40天左右枝条上会发芽，以后逐渐增加阳光照射，进入正常管理。扦插前将扦插枝段用生根粉处理能提高扦插成功率。注意扦插苗生根前不宜施肥。

二、盆土配制与上盆换盆

盆土要求肥沃疏松，既排水良好又保水透气。其盆土配制可参照佛手盆土的配方和方法。上盆时换盆也请参照佛手一节。

三、肥水管理

（一）施肥

除上盆、换盆时要施入充足的基肥外，生长期间还应坚持薄肥勤施，在每次新梢抽发前施氮磷钾复合肥，在果实迅速膨大期施充分发酵过的饼肥＋氮磷钾复合肥等。若盆土土质为碱性，要在肥液中加入硫酸亚铁配成微酸性营养液，将盆土调整为微酸性（pH 值5.5～6.5为宜），有利于柠檬的生长发育和开花结果。

（二）浇灌

柠檬生长期长，开花结果多，需水量大，但水分过多又容易烂根，浇水根据季节的变化、植物生长物候期来进行调节。春季天气凉爽，每7～15天浇水一次；夏季光照强、温度高，需要的水分较多，每1～3天浇水一次，否则会引起落果；而秋季是果实迅速膨大期，此时必须要保持充足的水分，每3～5天浇水一次；晚秋与冬季盆土则要偏干，每15～20天浇水一次，以助顺利越冬。浇水原则为“不干不浇、浇则浇透”。

四、整形修剪

修剪一般分为夏剪与冬剪。夏剪主要分为抹芽控梢和短截，在结果枝上抹去夏芽以保果；对于位置不当的营养枝上的夏芽也应抹除。短截过长营养枝和树冠外围中上部的衰退枝梢。冬剪应本着“删密留疏，校正树势”的原则进行，若是树势强的树，则应去强留弱、删密留疏，剪去徒长枝、直立枝、树冠中上部突出的枝梢以及过密枝，保留生长中庸的枝、斜生枝和树冠中下部枝条；对于生长过弱的树，则应去弱留强、以短截为主，疏去枯枝、弱枝，保留生长强旺的大枝、直立枝，对于结果枝组、衰弱枝组进行重短截，以利重新抽发强枝。

五、保花保果

（一）人工授粉

在大棚中的柠檬需要人工授粉。在前一天收集花粉，装在信封等纸袋中，外套单层塑料袋，于5℃冰箱中保存。上午9：00时后进行授粉。而露地栽培的盆栽无需人工授粉。

（二）疏花疏果

柠檬开花后，除每周施一次薄肥外，还须进行疏花疏果。在花未开时先疏去20％～30％的花蕾；花谢坐果后，再疏去一些位置不当的幼果、小果、受伤果和畸形果，目的是减少消耗养分，让有限的养分集中供给保留下来的健壮果实。在生理落果期，抹除萌发的新梢，以免与幼果竞争营养和水分，影响果实的生长发育。最后的留果按叶果比（30～40）：1标准执行。果实黄熟时，停止施肥，并减少浇水，让土壤保持湿润略微偏干。倘若继续加施过多的肥水，则果实会提前老熟而脱落，缩短观赏时间。

六、其他管理

参照佛手相应的管理。

七、柠檬圆柱形支架盆栽法

在盆土边缘沿盆边均匀插入8个竹竿或铁丝，让佛手的枝梢沿盆土边缘一层层向上攀爬，支梢固定在竹竿或铁丝上，果实挂在盆的支架外，形成层状立体结果，非常受消费者喜爱。这种管理方法的关键是留中心枝促发其生长，侧枝则培养成营养枝和结果枝，使年年生长结果均衡。其他管理同上。

第四章　绿化与观光

第一节　一树两(多)果技术

柑橘一树两(多)果是指在一棵柑橘树上再嫁接一至多个品种，这些品种生长结果互相取长补短，果实的形状、色泽各异，增加观赏性和观众的好奇心。柑橘一树两(多)果技术原来常用于老年树或劣质品种的改造上，也可用于特性非常明显的柑橘品种的改造，如太直立的椪柑，现在已成为庭院绿化、城市绿化建设的实用技术。

一、适用范围

柑橘一树两(多)果技术适用于树龄在30年以下、生长较健园、中间砧与高接品种亲和性好的橘园。原来品种为温州蜜柑的高接品种范围较广，可高接温州蜜柑、大红甜橙、塔罗科血橙、椪柑、胡柚、红橘、佛手、柠檬、春香和红美人等杂柑，高接温州蜜柑的一般是将中晚熟温州蜜柑改换成特早熟和早熟温州蜜柑。原来品种为胡柚的，可以高接椪柑、甜春橘柚、红美人、天草、蜜柚等品种，而雪柑、锦橙、大红甜橙等宜高接纽荷尔脐橙、清家脐橙、塔罗科血橙、脐血橙、凯旋柑、甜夏橙等，红橘等宜高接温州蜜柑、大红甜橙、佛手、柠檬、塔罗科血橙、椪柑、胡柚等。

二、主要方法

柑橘一树两(多)果可通过高接换种方法实现。为了使柑橘树上结有2种以上品种果实，呈现立体结果、两(多)果同树、布局美观、颜色鲜艳，提高游客的喜爱度和购买欲。与单品种的高接换种方法相比，应注意以下环节。

（一）中间砧树体的管理

高接换种的原品种橘树（即中间砧）若出现树势过弱、大枝多而零乱、树体郁闭内膛空虚等情况，需先对树体按照“开窗、分层、疏密”的原则进行改造后再进行高接换种。具体方法为：一是树势过弱：通过疏去短小枝、短截部分枝组、尽量保留叶片，以促发强旺新梢，加强肥水管理，通过重施有机肥改土、重施新梢肥促进新梢早发快长、根外追肥等措施恢复树势，培养健壮枝组和树冠。二是大枝多而零乱：以疏删为主，疏除扰乱树冠的直立强旺大枝、位置不当的密生大枝，培养大枝少、枝组多、分布合理的优质树形。三是树体郁闭导致内膛空虚：修剪原则是控上促下，疏除树冠中上部过密的大枝，下部的大枝进行短截以促发枝组，使阳光能照进树冠内膛，逐步培养下大上小的圆锥体树冠。

（二）高接换种的关键技术

1. 不同品种的搭配比例

原则上体现多色彩、非均衡、有亮点，根据果实成熟期不同、色泽形状各异，按照2个品种2：8、3：7或4：6的比例，一般不选5：5。可以在嫁接时考虑根据果实的颜色设计其成熟期的色泽图案。

2. 嫁接方法

宜采用内膛腹接方法。时间以3～4月或9月最佳，嫁接部位应选内膛2～3级技（嫁接位置过低，不易萌发；嫁接位置过高，则萌发快、恢复快、形成树冠快但易衰老）。高接位置选择在离地面40～70厘米处为宜。嫁接成活后适时挑膜、解膜。中间砧树留枝在高接后第一年多，留枝量占原总枝量的40%～70%，主要目的是结果和辅养新品种萌发的枝梢，促进新梢生长发育壮实。中间砧树留枝不留强旺枝，多留生长发育充实的枝组叶片。接芽成活后，及时抹除中间砧接芽附近及以上的萌芽，5～7天进行1次。及时摘心，促进新品种抽发梢发育充实并萌发分枝，早日形成树冠。春梢摘心高度一般为20～30厘米，夏梢则在第一次梢上选留3～5个分枝，在分枝处摘心。对易风折的枝梢，应在基部缚竹竿等固定保护新梢。

内膛腹接的优点：一是内膛腹接发生的枝组生长壮实，受高温干旱影响小，树冠恢复快，早结丰产。内膛腹接的第二、第三年就能结果，且结果习性很好，如早熟温州密柑和脐橙等良种接于尾张等中晚熟温州密柑的内膛，成串结果性状突出，结出的橘串有2～6个果，多者10余个，形似葡萄果穗，很是漂亮。二是多品种生物学特性互补，果实优势映衬突出。满头红等红橘品种树势强、枝条细密，易使树冠过于郁闭，高接早熟温州蜜柑、胡柚和日本甜夏橙等品种后，嫁接后1—4年树冠光照条件改善，第五年后树冠枝叶逐渐变郁闭时对红橘进行疏删修剪，根据树体特性等保留红橘、胡柚、早熟温州蜜柑和日本甜夏橙等优质品种的枝梢，第六年各品种的枝梢比例为25：20：30：25，秋季果实成熟时红橘果实为大红色，胡柚果实为金黄色，早熟温州蜜柑为橙黄色，而日本甜夏橙为青黄色，果实大小从20克到400克不等，果实累累、颜色缤纷、多姿多彩。

三、盆栽柑橘的一树两果技术

为了增强观赏性，柑橘盆栽在一株砧木上同时嫁接两个品种，使不同色泽（浅黄、金黄、橙红和大红等）、不同形状的果实同挂一树。嫁接方法为春季（3～4月）切接和秋季(9～10月）芽接。嫁接时应注意不同品种的生长势差异，抽枝力强的品种宜嫁接在砧木的小枝或斜生枝上，而抽枝力弱的品种宜嫁接在直立的强枝上，这样可使不同生长势的品种在同一树上趋于平衡。金柑与四季橘、雪柑和大红甜橙，雪柑和红橘、温州蜜柑和红橘、雪橘和温州蜜柑、新会红橙和温州蜜柑、椪柑和温州蜜柑，“439”杂柑和温州蜜柑等都是较好的组合。盆栽柑橘本来只嫁接一个品种的树上，也可参照前面所述的方法改接其他品种。

四、柑橘一树两（多）果技术的优点

在改造柑橘劣质品种或衰老树方面，除了一树两（多）果技术外，还有一次性高接换种技术，即一次性将老品种全部改接成新品种，两相比较，前者具有明显的优点：一是一次性高接换种后第二年才有经济产量，而一树两（多）果技术在接后前两年老品种仍照常投产，而在三年后两（多）个品种一起结果，能保证前期产量，增加后期产量。二是一次性高接换种嫁接时，一下子去枝太多，树冠几乎成“光头”对根系损失严重，若再加上生产管理不当，主干、主枝易受日灼而爆皮，新抽发的枝叶易缺素。而一树两（多）果技术则无此忧，能“平稳过渡”，成为建设休闲观光果园的特色技术。

第二节　大树移栽技术

随着城镇化建设的推进和其他原因，柑橘园被征用的情况越来越多。柑橘大树是一种优良资源废弃可惜，但移栽费工费力，若技术不到位成活率低。近几年来通过柑橘大树移栽试验，总结出提高大树移栽成活率的关键技术。

一、移栽时期

柑橘大树在春季和秋季均适宜移栽，其中春季的2月中旬至3月下旬和秋季的9月为移栽最适期；这个时段移栽根系愈合快，成活率高，树冠恢复迅速，能尽快恢复生产。

二、移栽前处理

（一）移栽树的选择

选择生长健壮、根茎部没有被天牛危害过的柑橘大树，一般树龄在20年以下。

（二）断根

在移栽前一年的5月至6月底进行。断根前先选择晴天修剪，将移栽大树的树冠下部的大枝锯去，便于断根操作。树冠中上部的大枝去强留弱、去大留小。在锯口处涂20％～30％的高锰酸钾液或73％的甲基托布津100倍液，防止病菌感染。

修剪后在距树干外侧50～60厘米处开挖环状沟，沟宽30～40厘米、深60厘米，遇大根将其切断，切口用嫁接刀削平，并涂上20％～30％的高锰酸钾液。环状沟晾晒1～2天，再用塑料膜沿环状沟外壁铺设一周，阻止根系外展，然后将土回填，先回填一半土，回填后一半土时掺入1/30的钙镁磷肥，浇透水。遇干旱天气环状沟上覆盖秸秆、杂草等，保持土壤湿润。

（三）挖定植沟或穴

移栽成园的挖定植沟，零星移栽的挖定植穴。移栽3个月前依放样线按种植行挖宽80 厘米、深60 厘米的定植沟或直径100 厘米、深60 厘米的定植穴。在沟或穴内先填入20厘米厚的秸秆、杂草等，再将起挖的土与腐熟栏肥或商品有机肥拌匀后填入，直至堆土高出地面10～15厘米。

（四）修剪

挖树前先将枝叶疏剪和回缩，剪除的枝叶量占总枝叶量的1/3～3/5。修剪上先疏去病虫枝、枯死枝、下垂枝，再按照“疏密留稀、疏强留弱、疏直留斜”的方法进行。主枝留3～4个，副主枝留9～11个，造成主枝分布合理、侧枝疏密有度的良好树冠结构。

三、移　栽

（一）总体要求

大树移栽的总体要求为“保护树体、尽少损伤、尽快运输、尽早定植”。

（二）挖树

挖树前2天浇透水。挖树时先将主枝用草绳进行包扎。除去树盘内杂草及表土层。带土球起挖，土球直径约为树干直径的7倍左右。遇到粗大根用锯子锯断，不要用铁锹或斧头砍断，断面应平整。土球挖起后，将损伤的根剪平，细根须根尽量保留，用草绳进行捆扎。细根、须根少的大树则弃之不用。

（三）起吊运输

运输前在车厢内垫上草袋、麻袋、苔藓、旧报纸团等柔软物，防止车厢板损伤枝干及根系。采用专业帆布带以2点法（一点为土球，一点为主枝分叉处）起吊，受力处加厚保护层以免使根枝受伤。将土球靠近车头、树冠朝后。土球之间用沙包或草垫等挤紧以避免在运输途中土球滚动而使土散落。树体装车高度不超过4.5米。若长距离运输，在车厢上覆盖遮阳网，并在运输途中注意喷水保湿。

（四）定植

先将运输过程中受伤的根系剪平，并根据根系量对枝叶进行再修剪，使根叶量对应。将移栽树放入定植穴扶正，高度以嫁接口露出地面15厘米为宜，根系疏直，分层填入加入钙镁磷肥的细土（细土：钙镁磷肥 =30：1），一层须根一层细土。填土时注意土球下不能出现空隙，以免影响成活率。土填到50％时灌水，发现冒气泡或快速流水处要及时填土，直到不冒气泡、土不再下沉为止，使土球、须根和穴壁之间无空隙。最上层沿树兜作土堰，使土堰高出地面10～15厘米，便于浇水施肥。

（五）搭支架

用木棍搭三角形支架，用绳索捆牢，防止树体受风吹等外力影响摇动，使根系受到新的损伤甚至树体倒覆。

（六）保护伤口

根、枝断裂处尽量剪（锯）平。有大的伤口涂抹20％～30％的高锰酸钾液或73％的甲基托布津100倍液，防止因病菌感染而腐烂。

四、移栽后管理

（一）肥水管理

定植后连续天晴且有大风，则在上午露水干后及傍晚前各喷清水一次。土壤干旱，要及时灌透水。移栽成活后应及时施肥，做到少量多次，土施和叶面追肥相结合，土施以有机肥和复合肥为主。叶面追肥选用0.3％的尿素 +0.2％的磷酸二氢钾溶液。

（二）土壤管理

水田或平地移栽的大树，暴雨、大雨后及时开沟排水，防止积水烂根。伏旱来临前，树盘覆盖秸秆、杂草、菌渣等，降温防旱。

（三）树冠管理

移栽树因为断根多，萌芽抽梢时间不一，但花芽多，抽发的夏秋梢也有较多的花蕾，应及时摘除，以免消耗大量营养，影响新梢抽发。主侧枝上隐芽大量萌发，抽发的新梢密而多，还有不少丛生枝，应及时抹芽控梢，注意枝梢间的空隔，保留的枝梢8～10厘米长时摘心，促进二次梢抽发，形成通风透光、结构合理的树冠。

（四）防治病虫

注意保护好新芽、嫩叶，重点抓好潜叶蛾、蚜虫、凤蝶、红蜘蛛和树脂病的防治。主干、主枝用石灰水涂白或用稻草包扎，避免阳光暴晒引起树脂病发生，维持树势。如果已出现树脂病症状，用刀将病斑刮除，再用多菌灵100倍液涂抹保护。

第三节 观光果园建设

一、我国观光果园现状、存在的问题与发展对策

观光果园是指以果树的观赏特征及生产经营为基础，以必要的园林景观、休闲设施或餐饮住宿为配套，以农村文化及农家生活为背景，集果品生产、休闲旅游、观光体验、科普示范、娱乐健身于一体的自然风光、人文景观、乡土风情和果业生产相融合的场所。随着城市化的发展和人民生活水平的提高，市民不仅需要享用新鲜优质安全的水果，而且产生采摘果实、体验劳动、亲近自然、娱乐健身的需求，观光果园应运而生。另外，我国水果生产迅速发展，2011年全国水果面积1 306.67万公顷，水果总产1.42亿吨，人均水果占有量达到106.0千克，水果从总体上处于相对过剩状态，水果产业迫切需要转型提升，而建设观光果园是其中有效的途径，不仅可以促进水果消费，而且可以满足消费者多方面的需求。

（一）观光果园现状

1. 日本和我国台湾观光果园的经验值得借鉴

观光果园最早发源于欧洲，它伴随着观光农业的诞生而出现。欧美等发达国家观光果园各具特色。日本是观光农业尤其是观光果园起步较早、形式多样、服务周到、模式成熟的国家，由于其单个观光果园面积不大，自然资源条件与我国接近，值得借鉴。日本的观光果园水果品种较多，有苹果、柑橘、葡萄、梨、草莓、樱桃等，采用先进技术生产绿色优质果品，以体验采摘优质新鲜水果尤其是寻找推荐品质特别水果的活动以吸引市民眼球，并让游客参与新鲜水果现场加工，通过观看、学习、品尝、体验、购买过程，使

果园的生产经营与市民的休闲旅游有机结合。有的观光果园还提供市民参与果树管理劳动，如种植、施肥、修枝、疏果等。在经营模式上，有独立经营，有连锁经营，也有与旅游业者联合经营。观光果园除了提供优质水果外，消费者能轻松买到当地土特产。观光果园建设得到当地政府的大力扶持，地图和公共宣传上外地游客能清楚了解当地观光果园情况。

我国的观光果园建设起步早、成效大的地方当属台湾，始于20世纪 70年代，现在观光果园已遍布全岛，水果种类繁多，包括香蕉、葡萄、桶柑、荔枝、龙眼、杧果、草莓、文旦柚和番荔枝等，在采收季节对外开放，让游客入内观景、摘果、尝果，参与鲜果加工果汁、果饼、果茶等活动，享受田园风光和劳动乐趣。台湾的观光果园经营模式日趋成熟，已发展成为集精品生产、休闲体验、生态旅游、科普教育、娱乐保健、社会交往等多功能综合开发的场所，使果树资源及生态资源有效地转化为旅游资源，促进了果业生产与旅游业的结合。

2. 北京观光果园起步早、发展快、成效大

国内的观光果园于20世纪80年代后期首先在北京兴起，京郊各县（区）以果园采摘活动为抓手，结合民俗文化，以“收获金秋”、“百万市民观光果园采摘游”等为主题发展民俗旅游、农家乐，吸引广大市民前去参观、采摘、住宿。北京观光果园栽培品种已达2 000多个，既有北京特有地方特色品种北寨红杏、垛子桃等，也有从国外引进的特色优质品种，满足了市民多样化、精品化、个性化的需求。近几年来，部分观光果园推出参与性休闲活动，让游客种树、施肥、浇水、整枝修剪，达到亲近自然、体验生活、缓解压力的目的，而受到市民欢迎。2008 年，北京市果园面积16.44万公顷，其中观光果园800余个，面积2.33万公顷，占总果园面积的14.2％。全市观光果园共接待游客779万人次，采摘水果总量4 572万千克，采摘直接收入3.9亿元，比上年增长21.8％。2009—2012年，北京市建设主题公园型观光果园50个、农庄型观光果园50个、休闲体验型观光果园50个、科研科普型观光果园50个、其他类型观光果园40个，为市民提供形式多样、管理规范、更加丰富的活动项目。

3. 各地观光果园形式多样、各具特色、发展较快

国内其他省市也根据自身的资源条件和优势，建立了各种类型各具特色

的观光果园，初步打响了品牌。成都龙泉万亩观光果园以“春季赏花、夏秋采果、冬季健身”的四季特色生态农业旅游而闻名，拥有丰富的花果资源、良好的生态环境和完善的基础设施，推出“赏桃花、当果农、栽果树、摘鲜果、钓鲜鱼、爬青山、做农家活、吃绿色食品”等系列活动，其鲜明特色为“四季花不断，八节果飘香”。广东清远市的柏嘉观光果园占地133 公顷，以一年四季各种时令水果轮番上场而著称，有龙眼、荔枝、枇杷、菠萝、黄皮、杧果、沙田柚、沙糖橘、番石榴、杨桃、无花果、佛手、火龙果等水果品种20多个，并建设了农家乐和垂钓乐园等配套设施。南宁市的金满园休闲观光果园是广西壮族自治区农业旅游示范点，有面积29 公顷的桃园、青枣园、香蕉园、杨梅园、荔枝园、杧果园、火龙果园、番石榴园等可供游人采摘品尝，有生态养鱼池、优良甘蔗品种繁殖区与香蕉套袋生产车间供游人参观；还建设了钓鱼场、烧烤城、棋牌室、儿童乐园和知识长廊供游人休闲娱乐；有设施齐全的篮球场、羽毛球场、乒乓球场和标准的游泳池供游人健身；还建设了现代化培训大楼及宾馆。浙江嘉善姚庄镇发挥毗邻上海大都市的优势，建设“浙北桃花岛”观光果园，已建成“农家乐”休闲区、水韵风情区、垂钓乐园、桃韵广场、采摘桃林、商贸中心、桃源游廊、锦绣亭、观光台等景观，通过连续举办黄桃节和桃花节，建立完善了“政府搭建基础设施平台、旅游公司具体操作、农户广泛参与受益”的观光果园模式，年旅游收入60余万元，优质黄桃的销售价格达10元/千克，比建园前翻了5番。

随着城市化的快速发展和人民生活水平的提高，许多地方在观光果园的发展上寻求突破，以求建设美丽和谐家园，满足城乡群众日益增长的对生态环境和休闲观光需求。海南省人大代表2011年议案《关于发展海南热带观光果园的对策建议》得到落实，至2012年6月海南省农业厅已完成100个观光果园的规划布局。湖南省宁乡县万亩水果公园完成规划设计，已开工建设，该项目融果园景观、生产经营、果品展示、果品加工、生态养殖于一体，实现亲近自然、体验农事、科普示范、休闲娱乐、环境保护等功能。浙江省近几年来连续推出农家乐果园自助采摘游，在当地报纸、电视与互联网等主流媒体上详细介绍各县（市、区）自助采摘游的地点、品种、采摘时期、交通路线、联系人和联系电话等信息，这一活动受到全省广大市民的踊跃响应。另外，各地为了推荐其特有的水果和吸收游客举办的蜜橘节、枇杷节、荔枝节、杨梅节、桃花节等水果或果花节庆活动，“政府搭节庆台，主体唱经济戏”，是观光果园向外宣传很好的载体，促进果业与地域资源、风俗文化、观光胜地有机结合，推动果业和旅游业良性互动不断发展。

（二）观光果园建设存在的问题

1. 对观光果园认识片面、重视不够

认为观光果园就是提供采摘水果服务的果园、只要在传统果园进行简单改造就行的人不在少数。部分经营者本身就是在20世纪末，果品生产过量而导致产销低迷时，才把目光投向了集果业生产与旅游观光于一体的观光果园开发，作为摆脱困境的出路而被迫为之，缺乏科学理性的认识。其实经营观光果园比单纯生产水果要难得多，管理者不仅需要了解掌握生产优质水果的技术，也需要懂得生态环保、景观美学和旅游管理。观光果园的开发多是由果农或水果专业合作社自发进行的，普遍缺乏政府引导和扶持，相关专业人才稀缺，观光果园经营者难以得到有效培训。国内尚没有明确观光果园归哪一个部门管理，政策性的宏观指导和实施方案缺乏，对观光果园的技术投入、经费投入和赢利模式了解不多，观光果业经济发展的重要性、引导扶持和宣传推介等方面没有引起相关部门足够的重视。全国没有对观光果业制订统一的具有指导性的产业规划。

2. 缺乏科学规划设计，设施条件差

大部分观光果园由传统果园转化而来，缺乏科学规划设计，没有把区位因素、果树特征、资源类型、游客需求和发展前景等综合考虑，对游客的持续吸引力不强，发展后劲不足。一是果园的基础设施和配套设施没有美感，如园内道路仍然采用生产园常用的棋盘式道路，横直竖立，没有曲径通幽、山重水复的自然野趣、田园情趣及中国古典园林美；梯壁坎头、排灌沟渠、挡土护坡等裸露的多，种植配套绿化花草树木进行景观处理的少；园内葡萄架、猕猴桃架也总是以笨重灰暗的水泥柱成行竖立，给游客一种压抑、消沉的感觉，影响愉悦心情。二是果树品种配置不合理，景观不协调，不能满足游客四季赏花品果的需求。三是果树种植和整形修剪缺乏艺术性，种植方式大多采用横竖对齐的方式，而能采用梅花形、抛物线型、对角线型种植的少，整形修剪采用同一形状、同一高度，如桃树用开心型、柑橘用自然开心形、梨采用变通主干型、葡萄用倒人字型，没有高低错落，也没有多姿多彩的树形，缺乏变化，景观呆板乏味。四是采用先进的果树生产技术的能力欠缺，难以运用果树嫁接一树多品种技术、果树盆栽技术、病虫害绿色防控技术、配方施肥增施有机肥技术、循环农业技术、立体农业生产技术、分批完熟采摘技术等先进实用技术，技术感召力不强。

3. 经营模式单一，观光项目雷同

观光果园大多由传统果园改造转化而来，基础设施和生产条件不优，开发生态资源果树资源渠道和手段缺乏，经营模式无非以下几个类型：第一种仅提供采收季节的水果采摘；第二种果园中有配套餐饮，但提供采摘的水果和餐饮很难同时做到优质有特色；第三种为联合经营型，即果园与旅行社及附近的宾馆（度假村）联合经营，先是旅行社带游客到观光果园参观游览、采摘品尝果实，然后到宾馆（度假村）就餐和住宿；第四种为经济实力强、经营服务规范到位的大中型综合观光果园。前两种类型占大多数，实质上为一家一户的“家庭单元式”，属小规模分散经营，经营条件差，季节性明显，服务功能单一，服务水平不高，顾客多为小批量、近距离、短时间的散客，吸引回头客的手段不多，赢利点少，经济效益不高。第三种模式由于观光果园的投资大幅减少，果园经营者倾注于专业水果生产，能适当提高果园中果实的经济效益，近几年来发展较快，但这种模式也存在着观光果园综合发展能力下降、不能接待大中城市长期休假养生的游客和经济效益分流损失的弊端。第四种模式近年来有所发展，由于其投资量大、需要的资源多、建设周期长，在总量中占的比例不高；但只要科学规划设计、管理规范合理，由于其有较高的综合服务水平，能同时满足顾客多样化、精品化、个性化的需求，可持续发展能力更强。

从我国观光果园现状看，普遍存在着经营模式单一、观光项目雷同的问题，造成的主要原因是投资不足、技术与管理落后、缺乏创意。在展示以果树为核心内容的景观时缺乏层次，立体农业开发弱，难以做到主栽果树与草本水果及特色农作物在立体空间上的合理搭配，难以有效利用光能、热能、空间等自然资源并延长观赏时期，在营造整体休闲旅游氛围和系列景点上缺乏创意；在服务顾客层面上以水果初级产品为主，开发深加工产品以及加工过程中废弃物的综合利用方面的技术开发能力弱，起到科普示范作用有限，也难以让顾客感受生产的乐趣；而开发与果文化相配套的特色明显的工艺品、旅游产品的能力也不强，观光果园的产业链不易拓展。虽然我国果树旅游资源极为丰富，具有较强的地域性、季节性和可识别性，有利于各地观光果园开发建设并形成各自的特色。但是，能充分体现地方特色的观光果园并不多，经营规模小，同一地区内观光项目雷同，有的仅限于生产性的田园观光，有的偏重于品种展示，有的偏重于技术示范，不外乎“看看花、采采果、打打牌、吃餐农家饭、浏览民俗点”，缺乏深层次利于身心健康的多种休闲观光项目。集品种展示、生产示范、体验农事、科普教育、休闲观光、娱乐健身于一体的大型综合性观光果园少。

4. 技术研究滞后，主体培训欠缺

观光果园建设开发涉及到果树学、园林学、生态学和旅游管理学等方面的知识和技术，是一项系统工程。但我国在这方面的研究相对滞后，有些方面尚处于起步阶段，更谈不上有系统的理论和技术体系。为了指导观光果园建设，许多研究工作急待开展，如以果树为主的农作物立体季相群落生态景观营造技术、果树品种选择搭配及观光果树优质生产技术、观光果园深加工产品开发技术、观光果园游客特征及服务技术、观光果园资金投入及资金筹措途径、观光果园生态特点及保护改善技术等。观光果园的建设主体以果农和水果专业合作社为主，这些主体大都综合素质不高，服务意识不强，经营管理理念欠缺，急需政府相关部门加强引导，对其进行相关知识技能培训，组织他们到先进地区和典型果园考察学习，以开阔眼界，提高经营管理能力。

（三）观光果园发展对策

1. 正确认识，强化指导

观光果园是为了满足广大城市居民不断增长的文化休闲需求而将果业与旅游业有机结合的绿色产业，是乡村旅游和生态旅游的特殊形式，是对旅游业的补充和完善，更是传统果业调整结构转型升级促进果业增效农民增收的的重要途径。观光果园是集果品生产、技术示范、科普教育、观光旅游、休闲体验、娱乐健身和生态保护功能于一体的现代农业发展模式，是一产接二产联三产的理想载体，也是统筹城乡发展建设社会主义新农村的有效手段，应引起政府部门高度重视，加强对观光果园发展的宏观指导和规范引导，制订观光果业发展规划，加大宣传推介力度。

建立“政府引导、农民主体、社会参与”的投资体制。政府出台扶持观光果园发展政策，加大对观光果园的财政支持力度，在生产管理用房、土地、用电等方面给予优惠。支持农民成立观光果园专业合作社，并加以规范引导。政府支持农民成为观光果园投入主体，提高其投资建设观光果园的积极性。鼓励引导工商资本进入观光果园开发，探索观光果园股份制、合作制、职业经理制等新型管理模式，建设大中型的综合性观光果园，起示范带动作用。政府财政支持资金主要用于制订观光果园发展规划、观光果园基础设施建设和观光果园技能培训，应把观光果园业主培训纳入到政府农民培训名录中，定期不定期举办培训班。

2. 科学设计，合理布局

建园前建设者应先了解当地政府是否有观光果园发展规划，对自然条件、地理区位、果业资源、客户需求、建设现状和市场容量等考察分析，在此基础上认真论证、准确定位、科学设计、合理布局。设计要求因地制宜，突出果树的观赏特性，结合周边环境特点，有效利用现有资源条件，总体布局达到形态美、色彩美、意境美的高度统一。一是选址上最好先选择丘陵低山缓坡地，园内有水库或小溪流更佳，远离工厂城市，环境幽静，进出交通方便。二是以果树为核心设计景观，注重果树品种合理搭配，利用不同果树品种开花期、成熟期不同，做到“月月有鲜花、季季果不断”，体现果树的人工季相群落景观；选择梅花型、抛物线型种植改变直线型种植方式；根据地形和位置进行整形修剪塑造高度不同、形状各异的树型，使主景观多姿多彩，避免单板。三是基础设施和生产设施的设计要对果树主景观起衬托作用，如园内道路按各种曲线建造，并相互联通，而不能呈断头路，结合起伏地形达到“山重水复、曲径通幽”效果，建设道路材料不宜用水泥浆砌，而用鹅卵石或青石铺就自然生态。园内沟渠、挡土护坡在满足果业生产功能的同时，注重艺术处理，如种植观赏性麦冬、酢酱草等地被植物或搭建网架种植葡萄、猕猴桃等藤本果树，形成夏可遮阴、冬可透阳的绿色长廊，既美化了环境，又改善了生态条件。生产葡萄、猕猴桃的果园棚架不宜由笨重灰暗的水泥柱成行竖立，而用竹木搭建又生态又靓丽。四是把与果园配套的餐饮、住宿、娱乐、停车场等旅游服务场所建设成造型别致、体量较小、色彩明快的园林建筑小品，与园内亭、廊、花架等协调一致，要有地方特色，不宜建成土不土洋不洋的现代楼房。

3. 加强科研，强化培训

我国观光果园前景被看好，我国著名果树专家束怀瑞院士在1998年提出要把观赏果树作为一个重点学科和新兴产业予以研究，并组织力量进行观赏果树资源的收集、育种和生理研究，已收集的观赏果树品种涵盖19 科、36属、196 种。现阶段我国对观赏果树和观光果园也有一些研究和分析，但研究的系统性和对产业的指导能力还远远不够，应着重加强以下几个方面的研究：果树观赏价值及观赏特征的评价；观光果园的区域特点、布局规划和设计技术；观光果园的投入产出规律研究；观赏果树资源的收集、整理和选育种研究；传统果园向观光果园转变的应用技术；观光果园的生理及配套栽培技术；观光果园作为生态旅游资源的评价及城市居民需求规律研究；观光果园高效经营模式开发及可持续发展研究；国外优质观赏品种引进筛选及先进技术引进推广应用研究。

观光果园的生产经营者是观光果业的主体，其素质高低、业务能力强弱直接关系到观光果业的兴衰，因此加强主体培训是观光果业发展的关键环节。一是亟需对观光果业的研究成果、国内外生产管理经验进行集成配套，编写观光果园从业者培训教材；二是从政府服务层面重视观光果园农民的技能培训，提高农民的知识水平和经营管理能力，并加强实地指导；三是建设相关高校增设观光果园专业，为观光果园的健康发展输送高水平的管理人才；四是加强宣传，营造观光果业发展的良好社会氛围。

4. 营造亮点，注重特色

根据地理区位条件、果业环境资源、游客类型特点、市场需求趋势进行规划设计，因地制宜尽可能营造较多亮点，建设有特色的观光果园，防止经营模式单一，观光项目雷同。一类特色是果品种类多、采摘周期长、果品质量优，游客在品尝果实后觉得物有所值，满足游客亲自采摘消费新鲜高品质水果的需求，这类果园要求优新品种多，生产技术先进，应用配方施肥增施有机肥技术、地面铺反光膜增糖技术和分批完熟采摘技术等先进实用技术，按绿色食品标准化生产技术管理，生产一流品质的绿色水果。二类特色是自然环境优美、应用技术先进、游客乐于体验，展示最具有区域特色的果品、果业技术和果业成果，体现各地区的历史文化、名人轶事、民风民情，以周末节庆时令为载体，让游客呼吸新鲜空气、采摘新鲜果实、参与果品加工，体验农事活动，增加见闻知识。三类特色是大中型综合性观光果园，投资大、项目多，能满足不同年龄、不同文化层次游客的多种需求，从观赏美丽景色、采摘品尝果实、参与农事活动、体验农民生活，到享用特色餐饮、购买土特产品、住宿娱乐休闲、体育运动健身、轻松开阔眼界等。观光果园要形成自己的特色，要有地域识别性和个体识别性，有多种多样、形式内容各异的观光果园供游客选择，满足游客亲近自然、放松心身、娱乐休闲、强身健体、增长知识等多方面的需求。

5.应用技术，制造景点

建设观光果园关键是应用好鲜花和果实这一核心资源，根据不同种类和栽培品种的花期、花色以及果形、果色和果实成熟期等，合理搭配品种，以露地栽培为主，配以设施栽培，制造“月月有鲜花、季季有鲜果”的植物季相景观，吸引游客前来参观、旅游、品尝、休闲。为了使游客“乐不思蜀”，还要从以下几个方面制造景点：以果树整形修剪技术给果树造型，修剪造型成立柱式、圆柱式、圆锥式和盆景式果树；利用藤本果树的柔软性，将枝叶编织成花篮、花瓶和各种动物造型；应用嫁接技术在1棵果树上嫁接不同形状、不同颜色、不同成熟期的品种，使果树上花果并存、“群星闪烁”；利用农事节气，开展嫁接品种、整枝修剪、疏花疏果、施肥除草、防病治虫等农事活动的体验和观光，使游客了解果树生产发育规律和优质果实生产管理技术；向游客展示循环农业新技术，以修剪下的枝干栽培食用菌及以枝叶制作有机肥技术工艺；进行间作套种等立体农业技术，使草本水果（草莓）、藤本水果（葡萄、猕猴桃）、灌木水果（树莓、蓝莓）、乔木水果（梨、柑橘、苹果）共处一园，使特色作物（黄豆、花生、酢酱草）与各种果树间作套种，形成立体景观和四季景观，充分利用空间、光能和热能；建立果园土鸡生态散养区，种养结合；果园水库建设垂钓区，钓台旁种植主干形果树遮阳挡风；注重果实深加工产品开发和演示，如让游客以柿果作柿饼，以蓝莓鲜果制作不加防腐剂的果酱，现场品尝；开展果树工艺品的研发和生产，利用果树根作根雕，树干作象棋、木剑和拐杖。

修建果树科普长廊，普及果树和果实科普知识；修建与果树景观相适应的亭、台，为游客提供休息场所；将住宿场所建在果园边，使游客睡梦中闻花果香听小鸟鸣唱。

6. 创新模式，加大投入

一家一户小规模分散经营观光果园，基础弱、投入小、设施差，一般不经过设计，采用新技术的积极性低，生产的果实品质不优，景观少，接待服务能力不强，难以满足城市居民不断增长的需要。进行观光果园模式的创新，进行联合经营，实现市场化导向、科技化改造、企业化经营、人性化服务的目标。一是鼓励成立观光果园专业合作社，使社员联合起来，品种资源和生产经营优势互补，连片开发观光果园；二是建立“公司 + 农户 + 观光果园”经营模式，以农业龙头企业为核心进行产业化生产经营；三是引进其他主体如高等科研院所、批发市场与农户合作开发观光果园；四是观光果园与旅行社和宾馆饭店联合经营，优势互补，利益均沾；五是开发大中型综合性观光果园，建设多种多样的观光浏览项目，满足顾客多方面的休闲娱乐需求。

除争取政府资金外，企业也可以寻求多种经营方式，拓宽资金投入渠道，带动社会投资，如吸引信贷投资、外资、农民自有资金投入到观光果园的发展中。

观光果园利用果树花果的形、色、香等观赏价值，配套建设生产设施、娱乐设施和旅游设施，吸引市民前来观光、采摘、休闲、旅游、消费、度假，使游客亲近自然、舒展身心、增长知识、开阔眼界。观光果园是生态农业、立体农业和循环农业的综合体，是以现代果业和旅游业为依托的一种新兴产业，促进果实的综合开发利用，实现果业的多次转化增值。推进传统果园向观光果园的转型升级，应用现代果业的先进科技，发挥各地历史文化沉淀和山水风光资源优势，加大资金投入，建设具有地域特色、个性特色的观光果园。

观光果园建设不仅开发果树的生产功能，还开发果树的生活功能和生态功能，实现现代果业与旅游业协同发展。它不仅需要有绿色果品生产技术，还需要应用园林设计和景观美学；它不仅需要特色餐饮和休闲设施配套，还要充分发掘生态资源和人文环境优势。观光果园作为一个正在迅速发展的新兴产业，是传统农业产业的转型提升，实现了果品生产、果品加工和观光旅游的统一，促进了第一产业和第二产业的联接以及第一产业向第三产业的延伸和渗透，近几年来得到了各级政府的大力扶持和引导，也初步取得了明显的经济效益、生态效益和社会效益，是建设社会主义新农村、统筹城乡发展的有效手段，发展前景广阔。

二、衢州市休闲观光果园发展前景与对策分析

衢州市位于浙江省的西部，钱塘江的源头。2012年全市水果面积4.32万公顷，其中柑橘3.81万公顷。近几年来，柑橘产业进行以减量提质为核心的转型提升活动，其中一个重要内容就是针对不断发展的城市化和迅速提高的人民生活水平，发展休闲观光果园以满足市民采摘果实、品尝果实、体验劳动、亲近自然、娱乐健身的需求。休闲观光果园是指以果树的观赏特征及生产经营为基础，以必要的园林景观、休闲设施或餐饮住宿为配套，以农村文化及农家生活为背景，集果品生产、休闲旅游、观光体验、科普示范、娱乐健身于一体的自然风光、人文景观、乡土风情和果业生产相融合的场所。现将衢州市休闲观光果园现状基础、发展前景与对策分析如下。

（一）发展现状

1. 主要内容与成效

衢州市休闲观光果园是近几年来出现的新事物，涉及的水果有樱桃、枇杷、桃、杨梅、葡萄、猕猴桃、柑橘等，吸引游客观果花、栽果树、摘鲜果、品佳果，结合开展踏青垂钓、避暑纳凉、登山健身、探古寻幽等活动，让游客呼吸新鲜空气、观赏果园风光、品尝农家饭菜、体验农家生活，受到衢州及义乌、杭州、上海等周边城市市民的欢迎，休闲观光果园迅速扩大到30余个、面积650公顷，年直接销售水果9 200吨，实现销售收入5 000多万元，带动其他农副产品销售增收4 000多万元。

2. 政府推动与引导

休闲观光果园是果业的升级版，是一产联接三产的最佳形式，得到衢州各级党委政府的重视与扶持。在柑橘成熟的10月至11月，衢州市都要举办柑橘采摘游活动，2012年衢州市柯城区举办以“周迅家乡，橘子红了”为主题的柑橘采摘节，现场与外地客商签订了4万吨的柑橘销售协议，整个产季吸引了2 000多人前来橘园采摘，实现采摘销售收入200多万元。而常山县

举办的2012中国常山胡柚文化节，以柚为媒，文化传情，通过“胡柚产业发展论坛”、“常山胡柚采摘游园”等活动，提升“常山胡柚”的品牌影响力。衢州市政府充分利用资源优势和区位优势，加强资金扶持力度，确定主要采摘基地。农业、旅游部门近两年来针对团体游、自驾游、散客游等制订了杨梅、葡萄、猕猴桃、柑橘采摘全攻略，将包括水果品种、品质特点、果园面积、参考价格、自驾（坐车）路线、联系方式等信息在媒体上公布，即使是初次来衢的外地游客只要按图索骥，就能尽享采摘品尝鲜果的乐趣。

3. 主要作用与功能

休闲观光果园的发展起到了以下作用：一是促进先进技术应用。果园为了吸引游客，采用优质新品种、设施栽培、“三疏一改”（疏树、疏枝、疏果和改偏施化肥为增施有机肥）技术、病虫害绿色防控技术，通过绿色食品和无公害农产品的认证，使果园园相好看、果实优质安全。二是促进了果品销售，提高了销售价格，促进了果农增收。以前是出门销售或坐等客商上门收购，现在是游客到果园采摘食用，临走还要带走果品及其他农副产品，销售价格提高了30%～120%，还节省了采摘人工成本和贮藏保鲜成本，通过宣传也吸引了大量经销商前来采购，促进了销售和价格上涨。衢江区周家乡双溪村的樱桃园6.7公顷，2010年种植2013年始投产，产量520千克，每张门票50元可尽情品尝，带走的樱桃60元/千克，获得收益3.8万元。三是促进一产与三产的融合发展。休闲果园因旅游串珠成链，除了果园配套餐饮外，也促进周边农家乐和城市饭店宾馆的生意红火。在水果节庆期间，尤其是周末区域内农家乐人满为患，城市饭店宾馆的入住率达到90%以上，推动商贸服务业的发展，带动全市农家乐及饭店宾馆增加2012年营业收入6 200万元。四是提高了品牌知名度，双德牌葡萄、蜜之源牌蜜橘、大苞山牌胡柚、宝山牌枇杷、元墩后牌杨梅已享誉市内外。柯城区五十都生态农业园的葡萄开采节、江山市塘源口乡猕猴桃采摘节、衢江区全旺镇的柑橘采摘游等成为闻名遐迩的品牌节庆活动。柯城区五十都生态农业园2012年全年接待游客1.5万余人，营业收入达300多万元，被评为浙江省休闲观光农业示范园。

（二）发展基础

1. 自然生态优势

衢州是国家级生态示范区，同时属于全国9个生态良好的地区之一和全国12个具有国际意义的生物多样性分布中心之一，境内自然保护区和森林公园众多，全市森林覆盖率达71%，空气质量常年保持在二级以上。衢州地处浙江母亲河钱塘江源头，水资源总量100亿立方米，且水质极好，有“浙江绿源”之称，是浙江省的生态屏障。

2. 产业基础

衢州有1 400多年的柑橘栽培历史，现为浙江最大的柑橘产地，多集中栽培在沿衢江两岸的丘陵低山上，连片种植，形成壮观的百里橘海，总面积3.81 公顷。衢州柑橘生产技术先进、产业链配套，柯城区被列为全国优势柑橘产业带建设示范县，衢江区是中国椪柑之乡、常山县为中国胡柚之乡、江山市是中国猕猴桃之乡。位于柯城区石梁镇的“橘海省级森林公园”面积1 878.5 公顷，构成了柯城区“石梁七里景观带”的核心组成部分，是目前浙江省唯一的以单一经济林种命名的省级森林公园。

近几年，柑橘产业实行减量提质，枇杷、葡萄、蓝莓、樱桃、杨梅、猕猴桃等水果发展迅速，而且新发展水果大多实施标准化生产，水利基础设施配套，产量品质有保障。

3. 文化资源禀赋

衢州是国家历史文化名城，文化旅游资源十分丰富。衢州城是南孔家庙所在地，城郊的烂柯山是围棋文化发源地，千年古道、古镇、古村多，民风古朴淳厚，发展休闲观光果园依托的文化资源禀赋优越。

4. 区位交通优势

衢州位于浙江省西部，与福建、江西、安徽三省毗邻，素有“四省通衢”之称，历史上一直是四省边际交通枢纽和物资集散地，也是兵家必争之地。浙赣电气化铁路横贯东西，九景衢铁路衢常段已建成通车，多条高速公路纵横境内，民航已开通至北京、厦门、深圳等航线。衢州到周边地市已基本形成2小时交通圈。

5. 客源市场优势

衢州在2003年人均 GDP 首次超过1 000美元，本地游客对旅游观光休闲的需求开始进入快速增加的新阶段。且衢州处于长三角地区的西部，而长三角地区是中国东部沿海开放城市带和沿江产业密集带结合部，是世界第六大都市圈，集中了全国1/3的百强县，发达的区域经济和众多的人口为衢州发展休闲观光果园提供充足的优势客源基础。

（三）存在问题

1. 认识不到位，缺乏科学规划

认为观光果园就是提供采摘水果服务的果园、只要在传统果园进行简单改造就可以的人不在少数。其实经营观光果园比单纯生产水果要难得多，管理者不仅需要了解掌握生产优质水果的技术，也需要懂得生态环保、景观美学和旅游管理。大部分观光果园由传统果园转化而来，缺乏科学规划设计，没有把区位因素、果树特征、资源类型、游客需求和发展前景等综合考虑，对游客的持续吸引力不强，发展后劲不足。

2. 品种结构不合理，赏花观果时期延不长

柑橘面积过大，占水果总面积的87.5％，而柑橘主栽品种椪柑和胡柚又占柑橘面积的84.2％，而这两个品种都属晚熟品种，刚采摘时风味偏酸，需贮藏后熟风味才佳，不利于建设休闲观光果园。而蓝莓、樱桃、草莓、枣等近几年虽然发展较快，但面积太小。整体上与休闲观光果园的“月月有鲜花、季季果不断”的要求相去甚远，尤其是春季成熟可供郊游踏青游客采摘的果园少，设施栽培可供冬季休闲的果园更少。

3. 投入难到位，内容单调雷同

由于部分主体为一家一户的农民，投资不足，采用新技术的积极性不高，项目开发能力弱。在展示以果树为核心内容的景观时缺乏层次，立体农业开发弱，难以做到主栽果树与草本水果及特色农作物在立体空间上的合理搭配以有效利用光能、热能、空间等自然资源并延长观赏时期，在营造整体休闲旅游氛围和系列景点上缺乏手段。主要提供鲜果采摘服务，内容单调重复，以水果开发深加工产品以及加工过程中废弃物的综合利用方面技术开发能力弱，起到科普示范作用有限，也难以让顾客DIY（Do It Yourself），感受生产乐趣。以水果开发与果文化相配套的特色明显的工艺品、旅游产品的能力也不强，观光果园的产业链不易拓展。

4. 主体培训欠缺，管理难如人意

从业人员素质低，年龄老化，不能适应休闲观光果园的管理要求。政府这几年对果农的培训抓得紧，投入也大，但由于缺乏培训教材、师资，难以开展休闲观光果园经营业主的针对性培训。生产技术水平不高，果实风味品

质提高不快，果园管理不到位，难以满足游客多层次的需求。

(四)对策建议

1. 统筹资源，科学规划布局

在考察分析自然条件、地理区位、资源禀赋、客户来源、建设现状和市场容量等因素的基础上，整合果业资源、自然资源、生态资源和人文资源，结合全市旅游发展规划的制订，谋划制订全市休闲观光果业发展规划，将果业与旅游业有机结合，合理布点休闲观光果园，探索发展机制和各种有效模式，充分发挥其果品生产、技术示范、科普教育、观光旅游、休闲体验、娱乐健身和生态保护等多种功能。

2. 加强扶持，加大资金投入

根据观光果业发展规划，政府出台扶持观光果园发展政策，加大对观光果园的财政支持力度，在生产管理用房、土地、用电等方面给予优惠。支持农民成立观光果园专业合作社，并加以规范引导。支持农民成为观光果园投入主体，提高其投资建设观光果园的积极性。探索观光果园股份制、合作制、职业经理制等新型管理模式，建设大中型的综合性观光果园，起示范带动作用。政府财政支持资金主要用于制订观光果园发展规划、观光果园基础设施建设和观光果园技能培训，应把观光果园业主培训纳入到政府农民培训名录中，加大培训力度。

建立"政府引导、农民主体、社会参与"的投资体制。拓宽资金投入渠道，鼓励引导工商资本进入观光果园开发，带动社会投资，如吸引信贷投资、外资投入到观光果园的发展中，鼓励企业家到郊区开发休闲观光果园。

3. 创新驱动，提升建设水平

以科技创新、管理创新、体制创新为驱动，加快果园流转，促进规模经营。加大衢州水果新品种的引选力度和推广力度，优先发展延长水果采摘期的优质新品种。采用高接换种、容器育苗、大苗假植、设施栽培等促进品种改造效率的新技术。加快发展良种樱桃、蓝莓、草莓、枣等小水果。在柑橘上将椪柑、胡柚等大宗品种的比例减少至60％以下，推广在9—10月成熟的特早熟和早熟柑橘品种以及在翌年2—5月成熟的晚熟柑橘品种。运用果树学、园艺学、生态学原理和技术成果，设计建设休闲观光果园。一是选择丘陵低山缓坡地建设，有山有水，环境幽静；二是果园设计风格要统一，与周边环境相协调，如用梅花形、S 形种植果树，道路成曲线状，果树修剪成圆头形，以竹木搭建葡萄、猕猴桃棚架，园内亭、廊、花架及配套的停车场和餐饮住宿房屋避免洋化或土洋结合，要越土越好，取材及式样效法古村落；三是生产设施、辅助设施、配套的娱乐休闲设施生态化，避免用水泥钢筋和化学制品，自然原生态最佳，如道路用鹅卵石或青石铺就，休息凳用原木或石块。

4. 强化培训，提高主体素质

观光果园的生产经营者是观光果业的主体，其素质高低、业务能力强弱直接关系到观光果业的兴衰，因此加强主体培训是观光果业发展的关键环节。一是急需对观光果业的研究成果、国内外生产管理经验进行集成配套，编写观光果园从业者培训教材；二是从政府服务层面重视观光果园农民的技能培训，提高农民的知识水平和经营管理能力，并加强实地指导；三是建议职校增设观光果园专业，为观光果园的健康发展输送职业人才。

5. 加大开发，丰富休闲观光内容

注重研究果树修剪造型技术，根据不同品种果树特点，开发圆头形、立柱形、圆柱形、圆锥形、花篮形、花瓶形和各种动物造型果树以及盆景果树；研究在1棵果树上嫁接不同形状、不同颜色、不同成熟期的品种技术，开发同1棵果树上花果并存、多果生辉、“群星闪烁”产品；研究乔木水果（柑橘、枇杷、梨）、灌木水果（树莓、蓝莓）、藤本水果（葡萄、猕猴桃）、草本水果（草莓）等共处一园，各种果树与特色作物（黄豆、花生、酢酱草）等间作套种，探索建立休闲观光果园的立体农业技术模式。充分利用空间、光能和热能，形成立体景观和四季景观。加大对果品的深加工和果树资源综合利用技术研发，挖掘水果营养保健作用和文化价值，开发游客 DIY 项目，丰富休闲观光内容，让游客在游玩时不知不觉中体验生活、享受生态、增加知识、增添乐趣。

第五章　柑橘树经济价值评估

近十几年来，随着城镇化、工业化的快速发展，由于环境污染和民间纠纷造成的柑橘损失事故有较快上升趋势，也有化肥农药等农资等造成的柑橘受损事故，征地需要动用橘园土地的情况也多了起来。另一方面，橘农的法律意识、维权意识有了较大的提高，需要农业部门对橘树价值或损失价值及时进行科学的评估。

一、橘树价值或损失价值评估的种类

（一）环境污染类

由于受污染的环境造成果树落叶枯枝甚至死树的事故主要有以下几种情形：一是工业粉尘、工业煤烟所致，这类损害一般面积较大；二是工业废水、工业废气所致，这类损害损失较重；三是养殖场排泄物无序排放对邻近橘园造成的损害。

（二）化肥农药类

一是流入市场的假劣化肥农药因含有害杂质或有害物质超标对橘树造成损害；二是肥料农药使用浓度过高所致；三是农民使用方法不当造成橘树损害，如衢州市柯城区华墅乡上百橘农2005年6月底至7月上旬施用某品牌复合肥，由于当年6月底后近2个月没有下雨，而且气温高，造成橘树落叶枯枝，严重者橘树已没有经济价值。据我们现场调查，施肥时间越迟，橘树受害越重；施肥量越大，橘树受害越重；橘树受害程度也与土壤类型有关，其中砂土受害最重，壤土受害最轻。

（三）民事纠纷类

因民事纠纷导致一方故意损坏另一方的橘树。

（四）土地征用类

对被征用土地上的橘树进行价值评估。

（五）苗木质量类

因橘树苗木混杂造成果树经济损失。

二、橘树价值或损失价值的评估方法

（一）评估程序

投诉人向农业行政部门提出申请评估，或法院在受理民事案件后委托农业行政部门评估，由农业行政部门派出2～3名中级以上职称的柑橘技术人员到现场察看测量，并听取事故利益双方和附近人员情况介绍，需要检测受害果园叶片或土壤的经评估人取样后送有资质的检测机构检测，讨论会商后形成书面评估报告，经组织单位核实盖章后交付投诉人（单位）或委托单位。

（二）评估方法

橘树损失价值的评估依据“资产重置”方法，即先计算橘树受损前的原价值，而损失价值就是恢复原价值所需的投入成本。被损害树的原价值主要根据其被损前的树冠、树形和树势推测同品种同类树的平均产量，以此为基数根据损害程度进行分级计算出橘树受损价值；苗木或没有投产的幼年树则按照培育成本计算损失价值。在评估中一般不考虑间接损失或潜在损失。

三、橘树价值或损失价值评估的注意事项

（一）注重细节

评估人员在听了投诉人的投诉后，不宜急于表态，而要按程序先去现场仔细勘测，详细了解真实情况。在问询现场不清楚的情况时，最好听取事故利益双方的陈述，还要向周边群众打听。在没有作出书面报告前，评估人不宜说结论性的话语。

（二）分清责任

橘树损失评估最重要的是掌握真实情况，分清橘树损失造成的所有原因，分清各种原因对损失所负的责任。如本市郊区某农场橘树在受到邻近砖厂煤烟粉尘影响减产后，橘树完全不管理，树势更加衰弱，再加上冻害影响，橘园损毁殆尽。在受邀评估时，我们参照邻近橘园长势，对煤烟粉尘污染、冻害、不进行管理等造成橘树损失的3个原因进行责任划分，使农场承包人、工厂负责人和周边橘农信服。

（三）对事不对人的原则

在处理橘树损失事故时，要本着实事求是和对事不对人的原则，做出准确的勘测和陈述。评估人对当事人的过激言行要冷静对待，在可能的情况下尽量化解矛盾，不宜在某个言语上过分对应与纠缠。更不能偏袒某一方。与当事双方有亲属关系或利益关系的应主动回避。

四、提高橘树价值或损失价值评估效率与准确度探讨

（一）高度重视，加强协调

橘树受损事故的增多是最近农村出现的新情况，涉及到橘农、工业企业、农资经销商等多方的利益，应引起有关部门的高度重视，应认真科学地处理这方面的损失评估。否则处理不当，容易激化矛盾，引起群体事件，增加社会不稳定因素。农业部门应高度重视，积极及时地安排评估工作，不得推诿扯皮，还需注意加强对农业事故评估人员的业务培训，评估人员除了掌握橘树生产技术知识外，还须知晓相关法律法规知识，也要求有一定的文字表达能力。

（二）合理安排评估人员

评估质量的好坏直接关系到事故能否得圆满解决，评估人员是关键。在选派评估人员时应安排认真负责、知识全面、专业技术过硬、经验丰富的技术人员参加，最好是3人，其中至少1人有高级职称。在评估人员上合理搭配，除了柑橘技术人员外，最好有农业执法人员参加。

（三）评估报告文本要素构成

橘树受损事故评估处理，最后要形成书面报告，但目前尚无统一的格

式，也无范本可以参考。各地的评估报告样式各异，但其要素主要包括以下6项。

①介绍时间、地点、评估单位名称、受谁委托进行的评估。

② 基本情况：现场勘测的受损数据及事实描述。

③ 评估依据。

④ 评估结论，主要是评估价值。

⑤ 评估人签名，注明资质及时间。

⑥ 评估单位核实盖章。评估报告在核实环节最好请有经验的律师审核，符合相关的法律法规。

（四）建议制定统一的标准或模式

在现行的操作中，农业事故损失评估最难的是我国尚无统一的评估标准或模式，所以基层执行起来难度大，尤其是果树大多为多年生作物。在价值评估方法上，我们主要根据自己的经验和本地的生产情况进行处理，没有理论依据和标准参照，评估的权威性不能得到保证，影响果树价值或损失价值评估工作顺利开展。

柑橘生态篇

第一章　橘林生态价值——以衢州市为例

衢州市位于浙江省的西部，浙江母亲河——钱塘江的源头，是浙江省柑橘生产第一大市，现有柑橘面积3.54万公顷，年产量70万吨左右。衢州市森林覆盖率71.5%，是全国九大生态良好地区之一、国家森林城市、国家水土保持生态文明城市、浙江省首个全市域国家级生态示范区。作为浙江省的生态屏障，近几年来不仅看重柑橘产业的经济社会效益，更看重发挥柑橘的生态效益和生态价值，取得了较好的成效，积累了宝贵经验。

第一节　衢州柑橘林特点

一、特点

衢州柑橘栽培有1 400多年的历史，明清时就是闻名全国的柑橘产地，改革开放前主要沿衢江两岸的平地种植，后因柑橘销售价高、经济效益好迅速向丘陵山地扩展，水稻田改种的也较多。2008年面积最大达4.25万公顷，随后柑橘产业实施以减量提质为核心内容的转型提升工程，低洼易冻地、较高海拔地、坡度过陡的橘园等进行“退橘还林”、“退橘还菜”、“退橘还粮”，面积有所减少。衢州柑橘林具有以下特点。

一是离城区近，对城区的影响力大。衢州原为衢县，老城区很小，1985年成立地级市以来，城区不断扩大，原近郊的橘园融入城区，再加上城市众多的公园采用柑橘树作为主景树以及街道的行道树，橘园成为城区的“绿肺”。

二是集中连片，形成橘海。柑橘树曾是衢州人的致富树、摇钱树、养老树，前几年虽然市场行情有所下滑，但衢州人对柑橘有一种迷恋的情结，舍不得挖，舍不得砍，即使外出打工，也不愿让柑橘园荒芜，仍要请假回家施肥剪枝防治病虫，大部分柑橘树得以保留。

三是生态种植水平较高。主栽品种椪柑、胡柚适应性强、生长快、冠幅扩展迅速，早在20世纪六七十年代就开始"一个穴、一株壮苗、一担有机肥"的标准化生态栽培，并推广生物覆盖、扩穴改土等技术，总体上生态种植技术水平较高。

二、衢州柑橘林的生态价值估算

柑橘树为常绿果树，树形美观，春季花香扑鼻，秋季金果满树，又是阔叶林种，具有净化空气、涵养水源、保持水土、减少噪声、改良土壤、完善城乡生态系统、改善人居环境等生态价值。衢州椪柑、胡柚生产实行计划密植，亩栽83～110株，栽后第三年树冠覆盖率约60％，第五年树冠覆盖率可达85％左右。衢州市的现有柑橘90％是成林柑橘，主要的生态价值有以下几个方面。

一是对改良衢州森林生态系统结构、强化生态功能作用巨大。衢州市森林覆盖率虽然较高，但森林生态系统结构不佳，生态功能弱化。针叶林的比例过高占52.4％，阔叶林的比例偏低仅占12.7％，幼林面积较大占31.8％，影响森林整体的水源涵养能力和保持水土功能。而柑橘为经济林种，属于阔叶林，正好能弥补森林阔叶林的比例偏低、幼林面积较大的缺陷。

二是净化空气作用显著。按每公顷柑橘林每天吸收二氧化碳 1 000 千克、释放氧气 750 千克计算，全市3.54万公顷柑橘林一年可吸收二氧化碳1 292万吨，制造氧气969万吨。柑橘树是对氟、硫等废气抗性较强的树种，按1公顷柑橘树每年吸收二氧化硫1.4吨计算，全市柑橘林一年可吸收二氧化硫量5.0万吨。柑橘树可遮挡、过滤、吸附空气中的粉尘，按1公顷柑橘树每年可滞尘 28.1 吨计算，全市柑橘林一年总的滞尘能力达99.5万吨。

三是保持水土、涵养水源。作为衢州市最主要的果树，柑橘以其"冠幅大、叶宽阔、叶片多"的特点，发挥了"保持水土、涵养水源"的作用。按1公顷柑橘林每年防止土壤流失244立方米测算，3.54万公顷柑橘林一年可减少土壤流失量863.8万立方米；按1公顷柑橘树每年涵养水源9 855立方米测算，全市柑橘林一年总涵养水源量3.49亿立方米。

四是具有改良土壤、调节气温和休闲观光等作用。橘园经培肥土壤得到改良，有机质从1.0％提高到1.5％左右，酸度下降，pH值从4.5～5.5提高到5.5～6.5。夏天橘林中的气温比空旷地带低3～5℃，而在冬天则高出2～4℃。柑橘林更是市民体验柑橘果实采摘、休闲观光的最佳去处，柯城区石梁镇橘海森林公园成为全省第一个水果主题公园，全市现有休闲观光柑橘园35个，年产值超5 000万元。

第二节　柑橘生态发展与技术模式

一、技术模式

柑橘产业发展首先是以经济效益为中心的，随着经济社会的快速发展，其生态价值、生活价值日益受到重视。衢州柑橘林在改善环境、美化城乡、建设生态文明城市、“海绵城市”等方面起到不可低估的作用。在柑橘产业发展过程中，推广应用的新品种、新技术、新模式逐渐生态化、绿色化、有机化。

一是改良橘园土壤类为主的技术，包括开壕种植、挖穴种植、扩穴（壕）改土、生物覆盖等。修筑等高梯地开壕沟种植、挖穴改土种植橘苗，提高了土壤的保水性；通过收集有机质、有机肥来改良土壤，填壕沟（穴）的材料有栏肥、塘泥、堆肥、稻草、杂草、树枝叶、食用菌渣，同时撒施石灰以中和土壤酸性；就地取材用杂草、稻草、秸秆等生物质材料覆盖橘园地面，夏天可降低地温，冬天可保温；生物质材料腐烂后可增加土壤中的有机质和肥力，改善土壤结构，提高通透性。

二是生态循环类技术，如生草栽培、废弃果实及修剪的枝叶还园技术与猪—沼—橘模式，用生猪的排泄物作为沼气原料，沼渣沼液作柑橘肥料，橘园里种草为猪提供饲料，沼气为种养殖业和农村生活提供优质廉价能源。这三种技术都实现物质循环利用，实施清洁化生产，进行农业良好规范（GAP）实践，受到橘农欢迎。

三是配方施肥、生物防治、减药控害等农业先进技术，降低了农业面源污染，防止因过度施化肥、用农药对生态环境造成的不良影响，又为人们提供无公害农产品、绿色食品和有机食品，将生态理念在生产者和消费者之间传递共享。

二、柑橘产业生态化发展措施

2014年8月，衢州市委、市政府提出“打造生态屏障，建设幸福衢州”的目标，其主要措施是着力工业产业的转型提升和绿色发展，注重生态特色农业产业的培育，尤其是生态柑橘产业的培育。主要措施如下。

一是政策引导。在衢州市县农业产业转型提升专项资金中，主要扶持农民“退橘还林”、“退橘还菜”、“退橘还粮”，防止三低（低产、低质、低效）橘园荒芜以及连片规模化发展柑橘优新品种。对柑橘企业和专业合作社建设无公害农产品、绿色食品和有机食品生产基地实行以奖代补政策。

二是技术研发应用。集成研究与推广病虫绿色防控、生草栽培、生物覆盖、废弃果枝叶还园、配方施肥、节水灌溉等技术以及猪—沼—橘种养结合模式。

三是加大柑橘生态价值的宣传和培训工作。通过各类媒体宣传柑橘树的生态价值、生活价值；利用阳光工程、人才培育工程等培训柑橘生态栽培技术，普及生态循环农业理念和相关技术。

四是持续实施柑橘产业转型提升工程。培育区域公共品牌，进一步拓展国际市场，培育优新品种基地化、规模化、标准化、生态化发展，让橘农增收，从而增强橘农应用生态栽培技术、重视生态环境培育的积极性与主动性。

五是拟建设生态柑橘林长效保护机制。通过议案、提案建议将衢州3.54万公顷柑橘林列为浙江省生态公益林，建立保护培育机制，落实相关工作经费。

第二章　柑橘园生态培育技术

第一节　橘园地力培育提升技术

衢州市地处浙西丘陵盆地，橘园大多通过低丘红黄壤的开发而来，但未经改良的红黄壤“酸、黏、瘦”，土壤酸性强，质地黏重，肥力低下，土壤结构差，综合生产能力极低，表现果实小、产量低、品质差。以提升果实产量品质为目标，以地力改良为手段，研究开发了以“深翻改土 + 间作绿肥 + 生物覆盖 + 平衡配方施肥”为主要内容的红黄壤橘园地力综合提升生态模式。

一、深翻改土

（一）改土位置

平地橘园在定植穴四周，丘陵梯地橘园在株间及梯面内侧沿定植沟由内向外扩穴改土。

（二）改土时间

在根系快速生长和梅雨季节结束前，即在6月下旬至7月上旬或9月中旬至10月中旬。

（三）改土深度

平地橘园改土深达30～40厘米；丘陵山地橘园可深达40～50厘米。

（四）改土材料

一是秸秆、堆肥、塘泥、绿肥、杂草、菌渣、砻糠、青枝绿叶和菜场家庭的生物垃圾等粗有机肥，二是厩肥、饼肥、腐熟人畜粪尿、沼渣沼液等精有机肥。据研究使用秸秆（干重）500千克，相当于施用1 600千克土杂肥的有机质含量，等于增施碳铵11.7千克、过磷酸钙6.2千克、硫酸钾4.75千克的养分。

（五）改土方法

从定植沟（穴）的边缘向外深挖，将土挖起堆置，回填土时将表土和粗有机肥放底层，将心土和精有机肥放上层，填满压实后高出畦面15～20厘米，将沼液或水浇透。pH值≤5.5的橘园，在深挖埋压有机肥时撒施生石灰1～1.5吨/公顷。深翻改土时不得留隔墙；挖到根径1厘米以上的粗根时尽量保护，挖伤的粗根要剪平伤口。

二、间作绿肥

橘园间作套种绿肥，提高土壤有机质含量、改良土壤结构、提升肥力，还可避免雨水直接冲击地表，减少橘园水土流失，调节橘园温度。

（一）间作对象

郁闭的橘园杂草都难以生长，所以间作适用于幼龄园和栽植密度较小的成年橘园；郁闭的橘园应疏树疏枝后，橘地上有阳光照射进来才能实行间作。

（二）间作绿肥种类

选择肥地养地、与橘树没有相同病虫害的浅根性矮生作物，以有固氮作用的豆科作物如紫云英、蚕豌豆、箭舌豌豆和三叶草等为宜。

（三）绿肥的处置

在绿肥生物产量最高时刈割覆盖于树盘处或结合深翻改土压入园土中，一般还园量18 000～22 500千克/公顷。

（四）注意事项

间作绿肥作物应在树盘外进行，以免与橘树争肥水。随树冠扩大，逐年缩小范围。

三、平衡配方施肥

根据橘园土壤和叶片养分状况的检测分析，建立土壤基础肥力资料档案，指导科学施肥，实施平衡配方施肥。平衡配方施肥要求氮磷钾大量元素合理搭配、增施有机肥（有机肥占总施肥量的40%～60%）、中量和微量元素做到土壤中缺什么补什么、缺多少补多少，以保持土壤各种养分间的平衡，避免缺素影响作物生长或过量造成肥料流失浪费，提高肥料利用率。

第二节　橘树枝叶还园技术

一、橘树枝叶还园的必要性与意义

橘园土壤缺有机质资源，施有机肥运输和施用成本高，而修剪下的橘树枝叶就是就地取材的优质有机质资源。烧毁修剪下的橘树枝叶不仅污染空气，也是对资源的浪费。

二、橘树枝叶还园方法

在严寒来临前先将间伐的树或剪下的枝叶进行初处理，一律从分叉处剪断，使成单条状，再剪成不超过30厘米长的枝段，枝条上的叶片不用剪下，铺于橘园树冠滴水线附近，能防止杂草的生长，保水保熵。注意铺于地面的枝条不能太长和有分叉，否则影响橘园施肥、防病治虫等农事操作。厚度不超过10厘米。

夏剪或秋剪的枝叶先按以上办法剪成单条状，后将单条大枝放入枝条粉碎机或枝条切片机进行处理，切成木屑或木片。小枝条用剪刀剪成长5～10厘米的小段。将切好的木屑木片和小枝条放在橘园的空地上堆置，堆好后用水浇湿，外层用塑料膜覆盖，塑料膜上用泥块或石块压住，堆置40～50天后再铺于橘园树冠滴水线附近。在严寒来临前间伐或修剪的枝叶也可用本方法处理。也可以将木屑或木片垫猪栏或牛栏，变成栏肥，出栏后撒施生石灰（栏肥：生石灰=100：5）堆置发酵后再还园，每亩用这种栏肥1 000～1 500千克。粉碎均匀的木屑还可以先用作食用菌栽培的基质，然后将菌渣还园效果更好，每亩用菌渣750～1 000千克。栏肥或菌渣可以挖环状沟施于橘园；也可先铺于橘园的滴水线附近，再结合橘园的土壤深翻，将栏肥或菌渣拌入土壤中。

三、橘树枝叶还园技术的成效

连续实施枝叶还园三年后橘园土壤理化性状得到了明显改善，土壤有机质含量从0.98％提高到1.34％，土壤通透性和持水力也得到提高，土壤容重从1.45克/立方米减少到1.26 克/立方米，土壤含水量从19.7％提高到23.7％，土壤中的速效氮磷钾等营养含量也有较明显的提高，椪柑树树体健壮、须根多活力好，抗低温冻害和高温干旱的能力增强，枝叶还园技术改良橘园土壤的效果好。

第三节　废弃果实资源化利用技术

柑橘果实在采摘后至贮藏期以及上市期间会产生腐烂。浙江省衢州市柑橘主产品种为椪柑和胡柚，年产量近70万吨，这两个品种属晚熟贮藏型，一般年份椪柑和胡柚的腐烂果实占总产量的3.8％～5％，之前橘区农村乱倒烂橘现象较为普遍，污染了城乡生产生活环境，已引起社会各界的广泛重视。2009年以来，我们研发推广“废弃柑橘果实无害化处理技术”，将废弃柑橘变为有用的资源，为农民生产生活服务，保护了生态环境。

一、随意倾倒废弃腐烂柑橘果实的危害

柑橘果实在腐败分解过程中，会产生青霉菌、绿霉菌和腐胺、尸胺等有毒有害物质。废弃腐烂柑橘果实被随意丢弃倾倒在村头、田间、溪流和江河中，霉菌孢子和腐胺、尸胺等物质进入空气和水中，直接污染农村生产生活环境，使空气污浊、水质恶化，尤其是污染水井、山塘、水库和江河等水体。

二、废弃腐烂柑橘果实的用途

一是腐烂柑橘果实含较高的碳水化合物、矿物质和蛋白质，还入橘园土壤能中和酸性，较大地提高土壤肥力，改良土壤结构，其好处可以与有机肥相比，为生产优质柑橘打下基础。二是腐烂柑橘果实还是生产沼气的好原料，可以为橘农提供清洁廉价能源。

三、废弃的腐烂柑橘果变废为宝技术

采取以下措施可以将废弃腐烂柑橘果实变废为宝。

(一)转化成有机肥技术

主要是利用土壤中自然存在的有益微生物，将腐烂柑橘中的有害有毒物质转化成有机质和矿物质，中和土壤中的酸性。

具体做法：在树行的正中间挖深40～60厘米、宽20～40 厘米的长方体坑，将腐烂柑橘果实埋入坑中，每埋入10～20厘米烂果覆盖一层10厘米厚的泥土，最后一层泥土高出地面20～30厘米。也可在填埋腐烂柑橘果实的同时撒施石灰，每100千克腐烂柑橘果实加入石灰2千克，加入石灰促进腐烂柑橘果实的分解。4个月后腐烂柑橘果实全部转化为有机肥。

转化效果：经测定，埋入园中的腐烂柑橘果实转化后，土壤 pH 值由原来的4.63～5.05提高至5.46～6.35，加入石灰后，pH 值提高至6.70～7.45。有机质提高2倍以上，速效氮、速效磷、速效钾含量都大幅增加，土壤结构得到改良，土壤肥力提高。

注意事项：填埋时不能过于靠近橘树的根系，以免伤根；如果填埋的腐烂柑橘果实套了塑料袋，应先将塑料袋脱出后，才能埋入橘园。

(二)生产沼气技术

腐烂柑橘还有一种用途，就是与猪栏肥等一起加入沼气池中，可以增加沼气的产量。操作方法如下：在15立方米的沼气池中投入猪栏肥1 000千克，再加入约2%的生石灰，可将 pH 值调节至7左右，再投入腐烂柑橘果实1 000千克，产气后农户正常使用时间为25天。

第三章　柑橘园生态发展模式

第一节　猪—沼—果生态循环模式

一、猪—沼—橘生态循环农业模式的概念

猪－沼－橘生态循环农业模式是通过养猪、建设沼气池和种植柑橘相配套，以生猪的排泄物和猪圈垫料进入沼气池发酵，沼渣沼液作橘园肥料，沼气作能源，橘园杂草和修剪下来的枝条作垫料填猪栏，实行种养结合、物质能源循环和综合利用的生态农业发展模式。

二、猪—沼—橘生态循环农业模式的主要作用

猪－沼－果生态循环农业模式主要有以下作用。

一是增进橘园土壤肥力，提高柑橘产量和品质；施用沼渣沼肥3年以上的橘园，土壤结构得到改良，土壤酸性得到矫正，肥料利用率明显提高，病虫害减少。

二是提供农村清洁能源，保护山地植被，有沼气池的农户烧饭、照明、洗浴等所需能源自给有余，每户可节约木柴10立方米以上。

三是养猪和种橘结合，降低了生产成本，每亩橘园节约肥料成本500～600元，提高了生产经营的综合效益。

四是改善生态环境。一头猪每天有2.2千克的排泄物，养殖量大了如果不经处理就排放出去，对环境污染严重。将猪排泄物制作沼气，则保护了农村的生产生活环境。

三、猪—沼—橘生态循环农业模式的效益

猪－沼－橘生态循环农业模式一般一户种植柑橘300～350株，养猪80～100头，建50立方米沼气池一座，年可产沼气4 000～5 000立方米，年可供沼渣沼液120吨。可基本实现生猪排泄物零排放，户可实现年收益12万～15万元。每株橘树以每次施沼渣20～30千克或沼液50～60千克为宜，选择晴天施用为佳，这样既能保证橘树营养又能提高果实品质。

第二节　橘园间作套种模式

橘园间作套种模式——以间作“云顶早蒜”为例。

衢州市土壤大部分为第四纪黄筋泥，未经改造前土壤板结、黏重、瘠薄、酸性重，有机质及矿质营养含量均低，不适于柑橘生长。新开垦橘园一般采用撩壕方式定植橘苗（壕宽、深各1米），株行距（2～3）米×（4～5）米。在定植橘树后的前3年，要对壕外的土壤进行改良，而该段时期橘树树冠小，株行间空隙大，衢州橘农习惯间作六月豆、绿豆、苕子和油菜等产量较高的绿肥品种翻压后改土，其成本低，但改土的速度慢，一般要3～4年才明显见效。在有机肥来源丰富的幼龄橘园间作“云顶早”蒜，既能较快地改良橘园土壤，又能取得较好的经济效益，值得在生产上推广。

一、“云顶早”蒜的特性

“云顶早”是早熟蒜薹品种，其蒜薹采收期在2月底至3月中旬，正值早春蔬菜供应淡季，而且蒜薹粗细适中，品质优良，其色鲜脆嫩味甜，且清香，深受消费者欢迎，售价最高达18～20元/千克，平均售价也有10元/千克。亩产250～450千克。其管理简便，生长期短，主要管理时期在冬季和早春，属橘园“农闲”时期。一季亩产值可达2 500～4 500元。但其需肥量较大，适宜在家禽（畜）饲养场附近或农家饲养家禽、家畜较多的地区推行。

二、幼龄橘园间作“云顶早”蒜的栽培要点

（一）整地施基肥

对橘园撩壕外的土壤进行翻耕，翻耕的深度为40～60厘米，边翻耕边施入发酵腐熟的猪、牛栏肥和鸡粪等有机肥，亩施猪、牛栏肥3万～4万千克或鸡粪7 500～10 000千克。然后将土块敲碎，与有机肥拌匀，做成宽80～100厘米的畦面。

（二）播种

8月下旬至9月上旬播种，最迟不超过9月15日。播种时行距10～15厘米，株距8～10厘米，每亩约种4.3万株，用种量30～38千克。

（三）覆盖保墒抑草

播种浇透水后即在畦上覆盖秸秆、杂草、绿肥、菌渣、橘树疏除的枝叶和其他青枝绿叶，厚5～10厘米；也可覆盖一层晒干的塘泥、煤渣、堆肥等，这些覆盖物尤其是生物覆盖物能有效抑制前期杂草生长危害。后期蒜苗功能叶长出后，蒜苗生长迅速，能抑制杂草的生长。

（四）肥水管理

大蒜齐苗后追一次0.5％的鸡粪浸出液＋0.3％的尿素液。元旦前后重施一次追肥，亩施尿素10～15千克。待功能叶长出后，薹苞叶初露时施用薹肥，一般亩施尿素10千克，并配合施用磷钾肥，或施1％的鸡粪浸出液＋0.5％的尿素混合液。若出现冬旱现象，应进行灌溉，以解除旱情。

（五）土壤管理

蒜薹收获后翻耕土壤。3月至7月种植绿肥。

三、间作“云顶早”蒜对橘园的改土效应

幼龄橘园间作“云顶早”蒜除了管理简便、经济效益好外，其改良土壤的效果也非常显著。“云顶早”蒜栽培密度大，其根系发达，加上施用大量的有机肥，使土壤的物理化学性状迅速得到改善。经测试，种植大蒜前0～40厘米的混合土样pH值5.2，有机质含量0.76％、全氮0.045％、全磷0.087％、

全钾1.21%，且土质黏重。种大蒜两季以后，0～40厘米的土壤有机质从0.76%提高到1.48%，pH 值由5.2增加到6.3，氮、磷、钾等营养元素也有较大的增加，土壤结构疏松透气，保水保肥能力明显增强。

第三节 橘园生草栽培及生物覆盖模式

衢州市在推进无公害农产品、绿色食品、有机食品和地理标志农产品柑橘生产示范基地时，推广橘园生草栽培技术和生物覆盖技术。

一、橘园生草栽培

（一）橘园生草栽培方法

幼龄橘园主要在行间和株间的空地上生草栽培。成年橘园在进行生草栽培前应进行疏树、疏枝，经疏树、疏枝后平地橘园每亩留40株左右、山地橘园每亩留50株左右，每棵树留大枝5个以下，整个橘园通风透光条件良好，地面有充足的散射光和漫射光，就能实施生草栽培。

1. 自然生草

生草时期为3～6月和9～11月，其余时间割草覆盖。第一次割草覆盖时间应掌握好，在衢州一般在7月上中旬梅雨季节结束时及时刈割，并进行地面覆盖，首先覆盖树盘，然后再覆盖其他地面。自然生草要注意以下3点：一是防止草与橘树争夺养分、水分，树盘内地表不生草，其余畦面生草。二是除冬季外，树盘覆草要离树干10厘米以上，以防止树干被天牛等害虫蛀食。三是及时去除杠板归、革命草、菟丝子等恶性杂草。

2. 人工生草

（1）选择草种。选择适应性强、茎秆矮根系浅、生物产量大、有利于柑橘病虫综合防治的种类，如藿香蓟、马唐草、三叶草、柱花草等或决明、绿豆、田菁、猪屎豆等绿肥作物。其中在衢州地区，最适宜的是藿香蓟和百喜草。不能选择高干及缠绕性作物，如玉米、豇豆等。以下管理以百喜草为例进行说明。

（2）播种。百喜草以4～6月播种为好，可采用撒播或条播，每亩用种约

1.5千克。

（3）苗期管理。及时去除杂草，并施0.2%～0.5%的尿素液2～3次。当苗长到5～6厘米时可在柑橘的树盘外株行间及梯壁上移栽，移栽的行距为25～35厘米，一般每穴栽3～5株苗，移栽时用钙镁磷肥蘸根效果更好。移栽成活后，每隔一个月左右浇0.5%的尿素液，连浇3次。及时清除恶性杂草。

（4）百喜草长到30厘米时即可进行割青覆盖，也可用作牛、养、鹅、鱼等牧草。百喜草每年可割青两次，第一次在7月，第二次在10月。

（二）橘园生草栽培的作用

1. 改良土壤

生草橘园在5月和7～9月割草2～3次并进行地面覆盖，可增加土壤中的营养成分及有机质含量，改善土壤的团粒结构。橘园连续生草栽培3年以上，有机质含量由0.84%～1.46%提高到1.12%～2.05%，速效氮、速效磷、速效钾的含量比对照橘园增加16%～41%，橘树叶片缺素症状基本消失。而对照区橘园其叶片容易发生缺镁、缺锌、缺硼等中量和微量元素缺素症状。

2. 改善生态

生草橘园夏秋高温季节地表至深40厘米土层的土温可降低3～12℃，湿度提高5%～10%，冬季可提高土温度2～7℃，橘树根系尤其是须根活力高。生草橘园，害虫天敌数多，溃疡病、红蜘珠和锈壁虱的为害明显减轻。近年来，随着灭生性除草剂在橘园盲目使用、滥用，天敌数量锐减。生草橘园不仅可为天敌提供栖息场所，更为重要的是提供补充食源，天敌不会因食源不足造成饥饿，引起天敌昆虫大量迁移、死亡或造成滞育。据调查，柯城区石梁镇坎底村王小闽连续生草5年的橘园平均10个春梢有瓢虫、草蛉、捕食螨等天敌24.3个，而对照橘园只有2.2个。

夏秋季节阵雨过后，清耕橘园雨水流失严重，仅表土下2～4厘米湿润，而生草橘园雨水可以渗润土层20～35厘米。下大雨至特大暴雨时，生草橘园流出的水清澈，清耕橘园水流浑浊，可见生草栽培具有很强的水土保持能力。这对土壤贫瘠、有机质含量少、团粒结构差、保水保肥能力弱的红壤丘陵橘园尤其重要。

3. 提高果实品质

橘园实施生草结合畦面生物覆盖，能改善橘园生态环境，提高橘树根系活力，促进树势稳定、丰产稳产，加上橘园土壤结构与肥力状况的改良，能提高柑橘果实品质。

二、橘园生物覆盖

柑橘树盘或全园地面覆盖生物质材料，在夏天降低土温保水，在冬天提高土温保墒，生物质材料腐烂分解后可提高园地的有机质和养分含量，改善土壤结构。

（一）覆盖材料

生物覆盖材料来源广泛，主要有绿肥、秸秆、杂草、菌渣、砻糠、疏除的柑橘枝叶以及其他青枝绿叶。晒干的塘泥也是橘园良好的覆盖材料。

（二）覆盖方法

生物材料覆盖在树盘处或全园地面上，厚度在10～20厘米；除冬季低温时期外，覆盖材料不能与树干处密接，留3～5厘米的空间。

（三）注意事项

生物覆盖法实施后有根系向表土密集的趋势，不利于抗旱抗寒防冻，应结合深翻改土将腐熟的生物质压入园土深处，引根深入。

第四节　橘园生态养鸡模式

橘园养鸡是充分利用橘园中的杂草、昆虫等动植物源天然食料及土地空间以放牧为主、补充饲料为辅的一种生态循环立体种养模式。橘园养鸡模式可使鸡群在空气清新、光照良好的宽松环境下取食天然食物，增加活动量，出产的鸡和蛋风味品质佳而受市场欢迎，也为橘树生长提供优质有机肥、减少病虫为害，有利于“绿色果品”的生产，综合效益好。

一、橘园生态养鸡技术

（一）选择适宜的品种

选择抗病力强、觅食性好、成活率高、性格温顺、不善飞翔、肉质细嫩鲜美的地方蛋(肉)鸡良种，如浙江仙居鸡、浙大黄、江山白毛乌骨鸡、广东三黄鸡、广西麻黄鸡、福建清麻鸡等。而不宜选择艾维茵、爱拔益加、哈伯德等快大型品种。

(二)改善橘园养鸡环境

亩栽50株左右、覆盖率75%～80%的橘园最适宜养鸡，这样的橘园饲料充足、通风透光又有阴凉度夏环境。过密的橘园应进行隔行(株)间伐和进行大枝修剪。在橘园四周围一圈高1.8～2.0米的尼龙网，网底部和上部固定好。在避风向阳、地势较高、排水良好、环境安静的地方，用石膏保温板、石棉瓦等材料建设鸡舍，每10亩橘园建1个鸡舍。大中型橘园建2个以上的鸡舍应分散布置。

(三)培育健壮雏鸡

育雏要把握温度、湿度、光照和进食等4个主要环节。有专门的温室最好，没有则将鸡舍改建，要求育雏室通风保温、清洁卫生。一周龄内的雏鸡饮用添加有葡萄糖、维生素、电解质的温开水，之后饮用添加用抗菌药的自来水，饮水器早晚冲洗，3天消毒1次。雏鸡的饮食做到定时、定量、少量多餐，开食1天后喂全价饲料，1次/2小时，以后逐渐减少次数。育雏温室的温度、湿度和光照按照以下指标进行控制：1～5日龄34～35℃，5～10日龄32～34℃，11～17日龄28～32℃，18～24日龄24～28℃，25日龄后正常室温；第一周相对湿度60%～70%，第二周55%～60%，第三周以后为50%～55%；1～5日龄为全天光照，6～8日龄20小时/天，9～20日龄16小时/天，以后自然光照。

(四)放养初期管理

五周龄的雏鸡在不下雨的良好天气进橘园放养。放养密度为每亩40只左右，密度过大，鸡自然采食不足而依赖饲料，降低鸡肉和蛋的风味品质，还会采踏橘园致地面过紧而影响橘树生长结果。前半个月每次喂食时吹哨子，使鸡形成条件反射，听从信号，便于以后管理。热天应早晚放，中午在树阴下休息或赶回鸡舍。天气突变前应及时将鸡赶回鸡舍以防鸡感冒生病。

(五)防疫消毒

在畜牧技术人员的指导下制订疾病防治技术方案，及时做好马立克、新城疫、法氏囊病等主要传染病的免疫工作。及时发现病死鸡，在第一时间清出园外焚烧处理。病鸡隔离饲养，避免交叉感染造成不应有的损失。免疫用过的疫苗瓶、橘园防病虫用过的农药瓶（袋）等不能乱丢，应在橘园外集中堆置处理。平时要做好场地、工具等的定期消毒工作，在橘园的出入口放生石灰消毒，每周更换1次。放养区域尽可能减少外来人员进出。

（六）饲料及饮水的补充与供应

橘园内的金龟子、蜘蛛、食心虫、象甲、尺蠖、蚂蚱、蟋蟀、毛虫和蚯蚓等都是鸡的天然优质高蛋白质饲料，橘园养鸡应防止过量喂食，否则鸡不愿啄食小草、昆虫及蚯蚓。在橘园内放置饮水。放养初期中午和下午各补充喂养1次全价饲料，中午量可少些，晚餐量可多些。以后全部换为谷物杂粮，并投入薯藤、瓜壳果皮等，补充投料原则为宜晚不宜早，以人为地促使它们在果园中寻找食物，以增加鸡的活动量，采食更多的有机物，提高鸡肉和蛋的风味品质。

（七）防止动物天敌危害

橘园养鸡要防鹰、蛇、老鼠、黄鼠狼等动物攻击，刚放养时更要注意保护。鸡舍应堵塞漏洞、缺口，鸡舍门窗等应设置用尼龙网做成的防护层，防止蛇、黄鼠狼等动物窜入鸡舍。加强值班和巡查，观察橘园及周边野兽等天敌情况。在鸡回窝时清点数量，以便及时发现问题采取防范措施。

（八）轮流交替放养

橘园放养鸡主要以园内的草、虫等为食，因此轮流交替放养是提高橘园养鸡效果的重要措施。可将橘园用丝网等围栏分区轮放，1个月换一个地方。这样放养过的橘园区域有一个生息期，地里的鸡粪会促进小草生长，喂养蚯蚓、昆虫等，等下次轮养时又有较多的小草、蚯蚓等供鸡采食，如此循环往复形成良好生态食物链，促进鸡、果双丰收。

（九）橘树管理

放养鸡的橘园地里随时有鸡粪等补充，而鸡粪含有大量的有机质和氮素等营养，因此施肥应适当补充磷钾肥，在9月以前施用。9月后不能施肥，以免橘树因氮肥过量引起树体生长过旺，果实大而味淡，上市期延迟。而放养的鸡长期踩踏使土壤紧实板结，鸡粪堆积在园土表面，所以养鸡的橘园每两年进行一次土壤翻耕，于春季橘树萌芽前进行，翻耕时每亩撒施石灰50～100千克翻耕效果更好，可达到松土、降酸、防止根系上浮等目的。

采用病虫绿色防控技术来控制病虫害的发生：优先采用农业措施、物理防治、生物防治措施，不得已采用化学防治则要选择低毒低残留高效农药，以挑治、点治的方式喷施农药。在喷农药时及喷药后3天内应将鸡关进鸡舍或放养在不喷农药的区域内。

二、橘园生态养鸡的注意事项

（一）养鸡的密度和规模不能过大

养鸡密度大时不仅要补充的饲料量大、综合成本增加，而且出产的鸡其风味品质下降，将园地的土壤踩踏坚实板结，不利于橘树生长。规模过小则经济效益小，规模过大管理难、风险大。一般每亩养鸡数不宜超过50只，每个劳动力饲养管理1 200～1 500只鸡为宜。

（二）防止啄羽、啄肛

啄羽、啄肛是土鸡的常发症，最有效的预防方法是在6～7日龄及时断喙，上喙断1/2，下喙断1/3，断喙前3天饮水中加入维生素K_3，以防出血和应激反应。

（三）适时上市

橘园鸡放养期太短，肉质过嫩、风味差，影响销路；放养期太长，饲料报酬率低，也影响效益。在鸡羽毛丰满、色泽光亮、叫声有力、体重达1.5～2.0千克时上市为宜。

三、橘园生态养鸡效益与主要好处

（一）橘园生态养鸡的效益

每亩橘园放养40只鸡，约7个月上市，除去成本每只净盈利45元左右，按成活率95％计算，一亩橘园养鸡可增收1 710元。养鸡橘园每亩可节省肥料成本240元，降低农药成本50元，减少锄草等人工费用140元，合计省工节本430元；每千克果实平均提高销售价0.2元，按每亩平均产量1 500千克计，可提高果实收入300元。橘园养鸡每亩增收2 440元。

（二）橘园生态养鸡的好处

抑制杂草和病虫的发生。鸡在橘园里活动，取食青草、草籽、昆虫，对杂草的生长和病虫的发生有一定的防除和抑制作用。据试验，橘园每亩放养40只鸡，杂草只有不放养鸡橘园的10％～15％，鸡数量增加，杂草更少；鸡在橘园内觅食，可把橘园地面上和草丛中的绝大多数害虫吃掉，从而减轻橘树病虫危害。

培肥地力，减少肥料投资。鸡粪中含有氮、磷、钾等橘树生长所需要的多种营养物质。据分析，一只鸡一年的排泄物含氮肥900克、磷肥850克、钾肥450克。如果按每亩橘园养40只鸡计算，就相当于施入氮肥36千克、磷肥34千克、钾肥18千克，可减少肥料投入70％～80％。

增强鸡群体质，减少疾病发生。橘园养鸡，环境舒适，有利于鸡的活动，促进鸡体质的提高。橘园养鸡一般远离村庄，可避免或减少鸡病的互相传染。

促进果实和鸡肉（蛋）品质，提高综合效益。养鸡橘园的果实外观和内质都有改进。产出的鸡或蛋无腥味、品质好、味道鲜美，颇受消费者欢迎，所以价格好。这种种养模式充分利用资源，种养相互促进，提高了综合效益。

参考文献

毕旭灿，刘春荣，等.常山胡柚小青果加工促农增收调查[J].中国果业信息，2013，30(11)：19-20.

毕旭灿，刘春荣，李余生，等.常山胡柚加工销售现状与升级增效对策探讨[J].浙江柑橘，2013，31(1)：13-16.

曹唐林，王国军，刘春荣，等.推广橘园托管 促进橘园流转 提高产业效益——衢州市橘园流转现状调查与对策[J].中国果业信息，2006，23(2)：12-15.

查波，刘春荣.果树损失价值评估的实践与方法探索[J].现代园艺，2012，9：24-25.

查波，刘春荣.椪柑疏树疏枝及枝叶还园技术[J].中国园艺文摘，2012，3：165-166.

方培林，刘春荣.椪柑疏果指标研究[J].浙江农业科学，2001，2：73-75.

方培林.衢州市柯城区柑橘产业差异化竞争战略探讨[J].浙江柑橘，2010，27(3)：5-9.

方树古，刘贤泰，吴生荣，等.椪柑橘瓣罐头及砂囊系列产品的加工技术[J].中国柑橘，1990，19(3)：34-35，42.

顾冬珍，陈健民.柑橘“三疏一改”及优化配套技术的应用与推广[J].中国南方果树，2005，34(6)：5-9.

郭元成，严长清，齐小惠，等.橘园养鸡关键技术[J].现代园艺，2013，7：50-51.

黄征槐，黄一华.山地果树省力化栽培的途径[J].柑橘与亚热带果树信息，2000，16（5）：37–38.

李国康，陈健民 . 衢州地区橘园旱害及防控技术 . 浙江柑橘，2008，25（3）：12–15.

刘春荣，吴文明，吴雪珍，等 . 衢州市出境柑橘园注册登记的现状与发展对策 [J]. 中国果业信息，2008，（9）：20–22.

刘春荣，吴雪珍，杨海英，等 . 满头红在衢州的引种表现与发展措施 [J]. 中国果业信息，2010，27（6）：12–13.

刘春荣，吴雪珍，等 . 衢州椪柑出境果园的管理制度与标准化生产技术 [J]. 浙江柑橘，2014，31（3）：11–14.

刘春荣，杨海英，吴雪珍，等 . 天草桔橙的主要特性及丰产优质栽培关键技术 [J]. 中国南方果树，2009，38（1）：15–16.

刘春荣，毕旭灿，郑雪良，等 . 常山胡柚疏果试验 [J]. 浙江柑橘，2014，32（2）：15–18.

刘春荣，范叶和，方培林等 . 衢州椪柑的区域品牌战略 [J]. 中国果业信息，2013，30（1）：7–10.

刘春荣，方培林，等 . 促进衢州椪柑出口的主要措施与成效 [J]. 中国果业信息，2013，30（7）：9–15.

刘春荣，方培林，杨海英，等 . 柑橘果实套袋栽培试验 [J]. 中国南方果树，2000，29（5）：10–11.

刘春荣，黄国善，方培林，等 . 衢州椪柑适产优质高效栽培技术 [J]. 中国南方果树，2001，30（4）：10–11.

刘春荣，宋雪刚，郑江程，等 . 废弃腐烂柑橘的无害化处理技术 [J]. 中国果业信息，2009，26（3）：57.

刘春荣，唐鹏 . 衢州市柑橘产业转型提升与推进对策 [J]. 浙江农业科学，2012，12：1 660–1 665.

刘春荣，王登亮，郑雪良，等 . 椪柑刺梨复合果汁的研制 [J]. 浙江柑橘，2014，31（4）：13–16.

刘春荣，王登亮，郑雪良，等 . 胡柚果实的营养与功能性组分研究进展 [J]. 浙江农业科学，2015，56（2）：253–257.

刘春荣，王世良 . 脐橙果实套袋试验 [J]. 现代园艺，2006，8：3–4.

刘春荣，徐南昌，郑利珍，等.椪柑病虫害绿色防控技术初探 [J]. 中国南方果树，2014，43(6)：116-117.

刘春荣，杨海英，等.温州蜜柑果实品质几个相关指标的研究 [J]. 农业科技通讯，2008，7：39-40.

刘春荣，张百寿.保健话柑橘 [J]. 植物杂志，1996，6：8-9.

刘春荣，张百寿.特早熟温州蜜柑栽培技术要点 [J]. 中国柑橘，1995，1：32-33.

刘春荣，郑江程，等.温州蜜柑枝别轮换结果栽培试验 [J]. 农业科技通讯，2008，6：55-56.

刘春荣，郑江程，吴雪珍，等.一种小型柑橘盆栽的快速培育方法 [J]. 浙江农业科学，2009，5：893-895.

刘春荣，郑江程，杨海英，等.节能型柑橘设施栽培技术研究 [J]. 浙江农业科学，2008，1：19-22.

刘春荣，郑江程，郑雪良，等.柑橘"双膜覆盖 + 地面垫砻糠"设施栽培技术 [J]. 中国南方果树，2008，37(3)：15-16.

刘春荣，郑雪良，查波，等.橘园填埋柑橘腐烂果实对土壤理化性状的影响 [J]. 中国南方果树，2008，2：8-9.

刘春荣，郑雪良，郑江程，等.桔全爪螨对克螨特的抗药性测定 [J]. 中国南方果树，2002，2：11-12.

刘春荣，郑雪良.灿烂辉煌的中国柑橘文化 [J]. 中国果业信息，2014，31(4)：65-68.

刘春荣，郑雪良.衢州市休闲观光果园发展前景与对策分析 [J]. 农业科技通讯，2013，12：41-43.

刘春荣.衢州市柑橘生态价值开发成效与对策浅析 [J]. 中国果业信息，2015，32(10)：12-13，30.

刘春荣.一树两果技术 [J]. 植物杂志，1997，6：25.

刘春荣.柑橘果实套袋完熟栽培技术 [J]. 江西园艺，2003，6：17-18.

刘春荣.柑橘盆栽技术 [J]. 中国花卉盆景，1995，7：14；8：18.

刘春荣.盆栽佛手的家庭养护 [J]. 中国花卉盆景，2002，11：28-29.

刘春荣.衢州市推进柑橘产业标准化的实践与思考 [J]. 柑橘与亚热带果

树信息，2013，3：4-6.

刘春荣．日本在柑橘保健作用研究进展 [J]. 植物杂志，1999，6：41.

刘春荣．适于盆栽的柑橘种类与品种 [J]. 中国花卉盆景，1992，11：15.

刘春荣．温州蜜柑高糖栽培基础、方法及管理要点 [J]. 福建果树，2004，1：52-53.

刘春荣．我国观光果园现状、存在问题与发展对策 [J]. 中国果业信息，2012，29（10）：16-21.

刘贤泰，方树古，傅国明，等．椪柑橘饼加工技术 [J]. 中国柑橘，1991，20（3）：30.

衢州柑橘出口前景及扩大出口措施探讨 [J]. 中国果业信息，2005，（5）：22-25.

权银，陈久秀，陈德剑．塔罗科血橙新系省力化栽培技术总结 [J]. 中国南方果树，2011，40（4）：91-93.

石学根，陈俊伟，徐红霞，等．透湿性反光膜覆盖对椪柑果实品质的影响 [J]. 果树学报，2011，28（3）：418-422.

宋雪刚，刘春荣，朱新春，等．腐烂柑橘果实生产沼气试验 [J]. 浙江农业科学，2009，4：292-294.

唐鹏，刘春荣，俞志春．衢州市橘园经营形势及增收途径分析 [J]. 中国园艺文摘，2013，7：165-166.

王世良，刘春荣，姚爱女，等．清见和不知火果实套袋完熟栽培试验 [J]. 现代园艺，2005，5：3-4.

吴厚玖．柑橘加工及综合利用技术 [M]. 重庆：重庆出版社，2007.

吴文明，杨兴良，徐建国，等．胡柚新品种“脆红” [J]. 园艺学报，2012，39（12）：2 527-2 528.

吴雪珍，刘春荣，杨海英，等．衢州市橘园生草栽培技术 [J]. 现代园艺，2010，11：23-24.

吴雪珍，刘春荣，曹炎成，等．“夏红” 杂柑的特征特性及栽培技术要点 [J]. 浙江农业科学，2011，52（3）：520-522.

叶兴乾，刘东红，等．柑橘加工与综合利用 [M]. 北京：中国轻工出版社，2005.

余震．衢州市园地养鸡情况调查 [J]. 中国畜牧业，2012，11：82-83.

俞晓曲．永安市柑橘省力化栽培发展现状与思考 [J]. 福建果树，2012，2：19-20.

虞轶俊，方培林．浙江橘区黑刺粉虱暴发原因与防治对策探讨．浙江柑橘，1996，13（4）：41-42.

袁启凤，李金强，陈守一，等．贵州柑橘省力化栽培途径探讨 [J]. 南方农业，2013，1（4）：36-37.

张百寿，刘春荣，等．低丘红壤幼龄橘园间作“云顶早”蒜及其改土效应 [J]. 农业科技通讯，1995，9：24.

张林，柯甫志，罗文杰，等．设施栽培条件下椪柑延后采摘果实品质的变化 [J]. 浙江农业科学，2013，1：30-32.

赵瑞慈，方树古．椪柑绿色果脯加工技术 [J]. 中国南方果树，1999，28（3）：11.

郑江程，刘春荣，吴雪珍，等．小型柑橘盆栽速成生产技术 [J]. 中国南方果树，2009，38（4）：28-29.

郑江程，刘春荣，杨海英，等．柑橘盆栽新技术 [J]. 现代园艺，2011，3：13-14.

郑江程，刘春荣，陈骏，等．利用柑橘幼树作母株生产盆栽苗技术初报 [J]. 中国园艺文摘，2014，7：146-147.

郑江程，刘春荣，杨海英，等．用高空压条法生产满头红橘盆栽技术 [J]. 农业科技通信，2011，2：145-147.

郑雪良，刘春荣，王登亮，等．胡柚小青果的黄酮类化合物及抗氧化活性研究 [J]. 浙江农业学报，2015，27（7）：1 185-1 191.

郑雪良，刘春荣，郑江程，等．提高柑橘大树移栽成活率的关键技术 [J]. 浙江柑橘，2015，32（3）：20-21.

郑雪良，刘春荣，朱卫东，等．胡柚粒粒橙饮料的研制 [J]. 浙江农业科学，2015，56（2）：241-243.